Dritte, erweiterte Auflage, Oktober 2013
©Michael Neuner – michi.neuner@arcor.de

Herstellung und Verlag:
BoD - Books on Demand, Norderstedt
ISBN 978-3-8482-0011-5

Books on Demand GmbH
In de Tarpen 42
22848 Norderstedt

Michael Neuner

Wie ich einmal jeden kannte

Verlesene Texte 2000 bis 2013

Statt eines Vorworts.

für s.n.

sie hat
bei dem versuch zu beweisen
dass
vegetarisches auch lecker
schmecken kann
sämtliche
freunde

verloren

Ein Schwarzwaldbecher.
Ottmar Walter.

Zu den großen Helden meiner Kindheit und Jugend zählten die von Bern – Anfang der Siebzigerjahre hing ein großes Plakat mit Fritz Walter & Co. über meinem Bett (das erst 1974 gegen Grabowski, Hölzenbein & Co. getauscht wurde). Es traf sich gut, dass mein lieber Onkel in Kaiserslautern lebte. Er war so alt wie Fritz Walter und kannte meine Wankdorfer Helden alle persönlich, so weit sie beim 1. FCK spielten. Wenn ich ihn besuchte, schenkte er mir immer irgendeinen (alten) Zeitungsausschnitt über Liebrich, Kohlmeyer, Eckel oder die Walter-Brüder – oder eine Autogrammkarte. Irgendwann hatte ich fast die komplette WM-Mannschaft beisammen; wer mir hartnäckig fehlte, war Ottmar Walter. Ich bat meinen Onkel, mir ein Autogramm von ihm zu besorgen. Beim meinem nächsten Besuch, versprach er mir, würde ich's bekommen.

Mein Onkel hatte keine Autogrammkarte von Ottmar Walter, ich war ein wenig enttäuscht. Stattdessen kündigte er mir eine richtige Überraschung an. Wir zockelten zum Kaiserslauterer Rathaus; ich hatte allerdings keine Vorstellung, was ich dort sollte. Die Überraschung wird sein, dachte ich mir, im Café ein Eis zu essen und sich die Stadt von oben anzugucken – Kaiserslautern hatte damals das höchste Rathaus der Republik. Wir blieben aber ziemlich weit unten und betraten irgendein muffiges Büro. Als mir mein Onkel Ottmar Walter vorstellte, bin ich erschrocken.

Ich kannte nur das Bild von 1954, das entschlossene Gesicht, die schwarzen Haare, und so hätte ich ihn mir nicht vorgestellt. Alt, schmal, traurig kam er mir vor. Irgendwie hatte er auch keine besonders spannende Tätigkeit zwischen all den Akten zu verrichten, das sah ich mit dem Blick in das komische Büro sofort, das er mit mehreren Kollegen teilte. Nein, wer da vor mir stand, war keine Berühmtheit. Nur ein kleiner, braver Angestellter, der offensichtlich schon einmal bessere Zeiten erlebt hatte. Mein Onkel erklärte ihm, warum er mich mitgebracht hatte (beide waren per Du miteinander), und Walter freute sich, dass ich ihn kannte. Ich erzählte ihm vom Poster über meinem Bett und der fehlenden Autogrammkarte. Er schüttelte den Kopf; nein, eine Autogrammkarte, so etwas hatte er schon lange nicht mehr. Aber wenn ich am nächsten Tag noch einmal wiederkäme, dann hätte er etwas für mich. Das ganze Büro winkte mir nach, als wir gingen.

Mein Onkel schickte mich noch einmal alleine ins Rathaus. Ottmar Walter begrüßte mich freundlich und zog aus seiner Schreibtischschublade ein altes Schwarzweißfoto, das ihn in einer Zweikampfsituation am Ball zeigte. Er hatte es für mich signiert. Einen solchen Schatz hatte ich nie zuvor besessen; vor Dankbarkeit kamen mir die Tränen. Später haben wir das Eis gegessen, oben im paarundzwanzigsten Stock über Kaiserslautern. Er erzählte von früher.

Dass die Helden von Bern nach der erfolgreichen WM mit Kühlschränken und Waschmaschinen belohnt wurden, das habe ich erst später erfahren. Aber es passte irgendwie. Ich bekam später auch heraus, dass mich Ottmar Walter nicht zum Eis eingeladen hatte. Mein Onkel hatte ihm das Geld gegeben; wahrscheinlich war es ein bisschen mehr, als die zwei Schwarzwaldbecher kosteten.

Gute Miene.
Josef Winkler.

Nein, mit der Diskussion wird es nichts. „*So*", sagt der Autor, klappt sein Buch zu, rückt die Brille wieder auf die spitze Nase, „*vielen Dank*". Er fixiert sein Publikum, lehnt sich zurück. Aber niemand hat rechte Lust, ihn nach der gut einstündigen Lesung zu seinem Text zu befragen. Ich mache den Anfang. Den Abend zuvor im Frankfurter Literaturhaus, sagt er, ist er dem Publikum gegenüber ausfällig geworden. Wahrscheinlich hat jemand gesagt „*Ich kenne zwar nichts von Ihnen, aber ich finde, dass Sie...*" Und da hat er eben nicht die übliche gute Miene gemacht und brav seine Bücher signiert. Da hat er mal etwas dazu gesagt – und jetzt hat er sein Kotzbrocken-Image weg, wenigstens in Frankfurt. Aber hier bei uns bleibt er brav. „*Wenn Sie möchten, signiere ich Ihnen die Bücher.*" Sogar dazu muss er die Leute auffordern. Winkler zelebriert seinen Schreckenstext nicht, er trägt ihn beiläufig, fast ein wenig distanziert vor. Manchmal verliest er sich, springt mit den Augen in die falsche Zeile, ganz so, als wollte er den Satz nicht so beenden, wie er ihn notiert hat. Jeder Satz ist eine Zumutung.

Josef Winkler, Jahrgang 1953 und Kärntner, war vor acht Jahren Stadtschreiber von Bergen-Enkheim; für seine „römische Novelle" *Natura morta*, aus der er liest, gab es den Döblin-Preis. Seinen 14. Literaturpreis bisher. Als Schriftsteller kreist er seit einem ersten Roman um immer das gleiche Thema: Seine *„vorbildlich unglückliche Kindheit"* im katholischen Kärnten.

Nein, Josef Winkler erspart dem Publikum nichts. Manchmal stöhnt jemand auf, wenn er minutiös in die Details geht. Aber er kennt ja nur Einzelheiten, und sein Blick ist scharf wie ein Seziermesser. Er liest aus seiner neuen Novelle, „Natura Morte": Wie in allen anderen Büchern lauert hier der Tod in Form nekrophiler Dämonie: Zerfall, Verwesung, Blut und Schmutz. Die Piazza Vittorio Emanuele in Rom, der große Markt, ist ein Panoptikum des Schreckens. Tod und Verwesung überall, die faulenden Früchte, das zerquetschte Gemüse, die blutigen, toten Tiere, die versehrten Menschen. Schließlich der tote Piccoletto, ein Knabe, Lustobjekt der Marktbeschicker: Sein verletzter Körper wird in einer Prozession über den Markt getragen. So landet er bei den Fleischhauern, die ihn zwischen abgetrennten Tierköpfen und Rosenkränzen aufbahren. Ein paar Leute verlassen die Lesung vorzeitig. Kopfschütteln und offensichtlicher Ärger darüber, sich das Buch schon vor der Lesung gekauft zu haben.

Am Ende stehe ich bei ihm, als Letzter in der kleinen Reihe der Signierwilligen. Er schaut mich an, nicht unfreundlich, aber abwesend. *„Soll ich Ihren Namen schreiben?"* „Nein", sage ich, *„Ihrer langt."* Er lächelt, zum ersten Mal an diesem Abend.

Getäuscht.
Gerhard Zwerenz.

Eben, im Café. Neben mir sitzt einer am Tisch und sieht aus wie Gerhard Zwerenz. Ich habe Gerhard Zwerenz schon lange nicht mehr gesehen und weiß nicht so richtig, wie er heute wohl aussieht. Ganz grau ist sein Bart, er trinkt Kaffee, trägt einen roten Pullover und unterhält sich mit einer freundlichen älteren Dame. Könnte er schon sein, der Gerhard Zwerenz. Fragen gehe ich natürlich nicht.

Leider kann ich nicht verstehen, worüber die beiden reden. Ich versuche anhand der Wortfetzchen, die herüber wehen, mir Klarheit darüber zu verschaffen, ob er's ist.

„Das Thema im Vordergrund – im besten Fall noch ich."

Ja, könnte er schon sein, der Gerhard Zwerenz. Das wäre typisch. Er nippt an seinem Kaffee. Macht einen sehr angenehmen Eindruck.

„Da musst Du Dich doch fragen: Was ist da eigentlich los?"

Klar, das ist Gerhard Zwerenz. Das muss er sein. Jetzt guckt er mich an. So, als ob er mich kennt. Kann aber nicht sein. Vielleicht hält er mich für Mark Knopfler. Ich gucke schnell weg.

„Jetzt kann ich das kommentieren, nachdem ich festgestellt habe, dass Neue dasitzen. "

Bin mir jetzt ziemlich sicher: Neben mir sitzt Gerhard Zwerenz im Café. Mich freut das.

„Das kannst Du auch so sehen, klar. Das kannst Du auch so sehen. "

Nee, ist wohl doch nicht Gerhard Zwerenz. Schade. Ich zahle und gehe.

Gedichte, die wir uns schenken können (I)
Für Kristiane A.-W.

den button meines lebensentwurfs
trage ich nicht am revers
sondern
in der hosentasche
und manchmal
wenn
die sicherheitsnadel aufgeht
piekst er mich
in
die eier

Drei Weizenbier.
Heinz Becker.

Es war einmal, und es ist jetzt doch schon eine gewisse Zeit her, da saß ich an der Bar eines vornehmen Hotels in Baden-Baden vor einem sündhaft teuren Bier und hing diversen traurigen Gedanken nach. Mein Nachbar auf dem Barhocker, ein verwildert aussehender alter Österreicher, der sich selbst als „Akupunkturpapst von Wien" bezeichnete und Unmengen harter Alkoholika in sich versenkte, versuchte mich derweil mit seinen Geschichten aus dem II. Bezirk zu unterhalten. Es gelang ihm nur leidlich. Der Barmann sprach kein Wort und wischte dabei saubere Gläser aus. Die Bar war bis auf uns drei leer. Ich bemerkte im Spiegel vor mir, dass hinter mir drei Herren in die Bar traten. Zwei setzten sich gleich an ein Tischchen an der Wand, der dritte kam zum Tresen vor. Ein hübscher junger Mann im dunklen Anzug und Unternehmensberatergesicht; er grüßte und bestellte drei Weizenbier. Dann ging er zurück und setzte sich zu den beiden anderen. Ich, dankbar für die kleine Abwechslung, die neue Gesichter mit sich bringen, drehte mich um, um die Gesellschaft zu betrachten. Der Unternehmensberater drehte uns den Rücken zu, neben ihm saß ein zweiter junger, wahrscheinlich auch hübscher junger Mann. So recht konnte ich es nicht beurteilen, auch er wandte der Bar den Rücken zu. Ihnen gegenüber, mit dem Rücken zur Wand, saß mit heruntergezogenen Mundwinkeln und traurigem Bassettgesicht Heinz Becker. Ich kannte ihn aus dem Fernsehen. Offensichtlich war er ohne seine Familie da und hatte sehr schlechte Laune.

Der Barmann brachte drei Weizenbier auf einem Tablett an den Tisch. Die beiden hübschen jungen Männer dankten, Heinz Becker aber sagte nichts. Wortlos ergriff er das Glas und trank, ohne auf seine Begleiter zu warten oder ihnen auch nur die Andeutung eines Prosits zu schenken, sein Weizenbier ohne abzusetzen halb leer. Er stellte das Glas aufs Tischchen zurück, wischte sich mit dem Handrücken über den Mund und zog wieder die Mundwinkel herunter. Die beiden jungen Männer nippten nur an ihren Gläsern und begannen damit, leise auf Herrn Becker einzureden. Ich verstand nicht, was sie sagten, und er blickte sie dabei auch nicht an. Saß nur da, die Mundwinkel tief heruntergezogen, und machte ein trauriges Gesicht.

Ich drehte mich zu meinem Bier, und gleich fing der Österreicher mit einer neuen Geschichte an. Der Barmann hatte wieder damit begonnen, saubere Gläser auszuwischen und seine kleine saubere Spüle auszuwischen. Mein Bier ging zur Neige. Ich bestellte mir trotz meines Nachbars ein zweites Glas. Im Spiegel konnte ich sehen, dass die beiden jungen Männer weiter abwechselnd auf Herrn Becker einredeten, er es aber nur über sich ergehen ließ. Wie ich den Österreicher, dachte ich. Herr Becker hatte seinen Mantel anbehalten und schlug ihn vor der Brust zusammen. Vielleicht ist ihm kalt, überlegte ich, vielleicht ist er krank. Er hätte sich vielleicht besser etwas Warmes zu trinken bestellen sollen. Weizenbier ist gar nicht so gut, wenn einem nicht wohl ist. Ein bisschen machte ich mir Sorgen um ihn.

Wahrscheinlich, mutmaßte ich, während der Österreicher nicht müde wurde, mir unaufhörlich unverständlich-uninteressante Dinge zu erzählen, hat Herr Becker hier Theater gespielt, vielleicht ohne seine Familie, und nur wenig Beifall bekommen. Dazu eine möglich im Anzug begriffene Erkältung, die permanent auf ihn einredenden jungen Männer und eine plötzliche Sehnsucht nach dem Saarland, ein Anflug von Heimweh vielleicht: Es gibt gute Gründe, dachte ich, mit schlechter Laune in Baden-Baden zu sitzen. Auch die Stadt selbst ist ja alles andere als erfreulich. All diese Gedanken nahmen mich sehr für Herrn Becker ein. Auch dass er den Mut hatte, so zu seinem Befinden zu stehen und unaufdringlich-dezent in seinem Verhalten zu bleiben, fand ich sehr ansprechend. Ich beschloss, mutig zu sein und zu Herrn Becker an den Tisch zu treten. Ich wollte mich vorstellen und ihm sagen, dass ich ihn aus dem Fernsehen kenne. Dass ein erfolgloser Abend am Theater nicht so schlimm ist und ich ihn gerne zu einem warmen Getränk einladen wollte, wegen der Erkältung. Dabei könnten wir uns über das Saarland unterhalten, das mir viel besser gefällt als Baden-Baden zum Beispiel. Außerdem wäre ich auf

diese Weise, ein schöner Nebeneffekt, den Österreicher los. Ich nahm das neue Bier und nickte dem
Akupunkturpapst zu. Er war im Sitzen eingeschlafen.
Herr Becker und die beiden hübschen Männer waren
bereits gegangen. Nur der Barmann wischte immer
noch saubere Gläser aus.

Mein Nachbar.
Georg Friedrich Beckhaus.

Ich war studienhalber Zehlendorfer geworden und wohnte über meine Verhältnisse. Die Nachbarschaft war sehr vornehm und unfreundlich und ich wollte nicht so recht heimisch werden in dieser manierlichen Ecke von Berlin, in der die Welt auch vor der Wiedervereinigung noch in so schöner Ordnung war. Mir wurde gesagt, um mir den Wert meines Wohnumfeldes zu verdeutlichen, ich hätte einen berühmten Nachbarn: Martin Held. Den sah ich nie.

Mir fiel der andere Nachbar auf, den ich gelegentlich sah. Ein stiller, meist in einen dunklen Mantel gehüllter Mann, der die Hände in den Taschen zu verstecken pflegte. Ich sah ihn immer nur ohne Begleitung aus dem Haus gehen. In der kühlen Jahreszeit trug er eine Pelzmütze auf dem Kopf, was mir sehr vornehm vorkam. Ich kannte sein ernstes Gesicht aus dem Fernsehen, aber es ließ sich nicht zuordnen. Er war freundlich, und wir grüßten einander, wenn wir uns begegneten. Er sah immer traurig aus und ich wagte nicht, ihn anzusprechen. Es blieb beim Gruß.

Im nahen Lebensmittelgeschäft konnte mir lange Zeit niemand sagen, wer er war. Irgendwann fiel der Name Beckhaus, und ich sah plötzlich alles vor mir: Die Kommandobrücke vom schnellen Raumkreuzer

Orion, die schöne Tamara, Commander McLane, Wolfgang Völz – und eben Friedrich-Georg Beckhaus als Atan Shubashi. Bei Bolle an der Kasse holte mich die Kindheit im ungeliebten Zehlendorf ein. Es war erschütternd. Für diesen Moment bin ich meinem Nachbarn bis heute dankbar.

Heute weiß ich, dass er kaum noch spielt, dafür aber viel synchronisiert. Und manchmal, spät abends, meine ich, seine Stimme aus fremder Leute Gesicht zu hören. Und dann schleichen sich die Gedanken zurück. Vielleicht, denke ich dann, war es in Zehlendorf ja doch nicht so schlecht. Immerhin gab es einen freundlichen Nachbarn.

Wie ich mich einmal verliebte.

Bernd Hölzenbein

Es war 1974 oder so. Ein in vielerlei Hinsicht ausgezeichnetes Jahr der jüngeren Geschichte: Bundestrainer Helmut Schön hatte Eckard Henscheids Tipps zur Mannschaftsaufstellung aus dessen Roman „Die Vollidioten" befolgt und Deutschland dadurch zum Fußballweltmeister gemacht. Die Literaten und Intellektuellen besaßen damals noch einen gewissen Einfluss auf das öffentliche Leben (denken wir bloß an den Kanzlermacher Günter Grass), und das war eben eine dieser ausgezeichneten Sachen. Schön wechselte während der Weltmeisterschaft also Heynckes aus und holte Hölzenbein in die Mannschaft. Der war der Held meiner kickenden Jugend. Wenn wir kickten, war ich immer Hölzenbein. Als die Helden von München schließlich auf dem Balkon des Frankfurter Römer standen und mit der WM-Trophäe winkten, war ich derjenige, der in der ersten Reihe ganz laut jubelte und immer rief: „Hölzenbein, Hölzenbein". Manchmal auch „Grabowski, Grabowski", denn das war der erste Stellvertreter meines Helden Hölzenbein.

Wir wussten natürlich alle, dass die Szene, die zum 1:1 im Finale gegen die Holländer führte, keine Schwalbe war. Hölzenbein fiel im Zweikampf mit dem Holländer Jansen zu Boden. Trotzdem: Damals entstand das böse Wort „Schwalbenflug", und noch heute ist Hölzenbein in Holland als „Jet von Frank-furt" bekannt. Aber was will ich denn eigentlich erzählen. Ach so, ja.

Es war also 1974 oder so. Ich lief über den Frankfurter Weihnachtsmarkt und befand mich gerade in dem Alter, wo mich Mädchen nicht mehr ganz gleichgültig ließen. Da sah ich ein besonders schönes Mädchen auf mich zukommen. Ich weiß heute nicht mehr so genau, wie sie aussah, ich weiß nur: So ein wunderschönes, wohlgestaltetes Mädchen hatte ich bis dahin noch nicht gesehen. Schon gar nicht in Frankfurt. Ich konnte die Augen nicht von ihr und ihrem schönen Gesicht abwenden und blieb auf dem Römerberg einfach stehen. Den Mund hatte ich dabei sicher leicht geöffnet, in der Hand hielt ich wohl eine Bratwurst. Gewiss wirkte das auf die Vorbeikommenden wenig vornehm. Aber mich störte das nicht. Die beiden Erwachsenen, die das schöne Mädchen in ihre Mitte genommen hatten, nahm ich schließlich auch nicht wahr. Ich stand nur da und glotze die Schöne an, unfähig jeder Bewegung. Alle drei kamen auf mich zu. Und ich wusste: Ich hatte mich verliebt.

Sie kamen näher, und ich stand und glotzte und rührte mich nicht. Die drei mussten einen kleinen Schlenker machen, um an mir vorbeizukommen. Da sah ich den Mann zum ersten Mal an. Er hielt eine Bratwurst in der Hand und trug eine schwarze Lederjacke. Es war Bernd Hölzenbein. Das plötzliche Erkennen lenkte mich einen Moment von meinem verliebten Zustand ab, und ich wollte „Hallo" sagen. Doch bevor es dazu kam, schubste Hölzenbein mich mit der freien Hand aus dem Weg und sagte: „Idiot."

Ich ließ meine Bratwurst fallen und fiel, aus dem Gleichgewicht gebracht, hinterher. Im Augenwinkel sah ich noch, wie Sabrina Hölzenbein mich anlachte. Glücklich nahm ich meine Bratwurst zur Hand und erhob mich. Das Wort vom „Schwalbenflug" oder vom „Jet von Frankfurt" hat seitdem eine völlig neue Bedeutung für mich. Eine persönliche Bedeutung. Ich habe Hölzenbeins Tochter übrigens seitdem nicht wieder getroffen. Sie war damals um fünf herum, und heute ist sie sicher schon eine erwachsene Frau. Ihren Vater sehe ich manchmal im Fernsehen. Seine große Zeit ist vorbei, er erscheint nur noch manchmal. Und wenn, dann im Dritten.

Wie ich einmal jeden kannte.
Petra Roth & Marcel Reich-Ranicki

Es geschah zu den Zeiten, da man im Foyer des Kammerspiels Frankfurt und anderswo noch unbelästigt und ohne schlechtes Gewissen eine Zigarette rauchen durfte. Ich war recht zeitig zu jener Veranstaltung gekommen, zu der mich die Radiokulturwelle meines Vertrauens entsandt hatte, um am nächsten Morgen in aller Herrgottsfrühe eine launige Kritik darüber zu sprechen, so zeitig, dass sich nur eine einsame nette ältere Dame, die es sich auf einer schwarzen Ledercouch in der Nähe der Garderobe gemütlich gemacht hatte, um eine Zigarette zu rauchen, und zwei kaum beschäftigte Garderobedamen in eben diesem Foyer tummelten. Ich fragte die ältere Dame höflich, ob ich mich zu ihr gesellen und ihr auf eine Zigarettenlänge Gesellschaft leisten dürfte, um die Wartezeit auf das zu erwartende Stück ein wenig zu verkürzen. Sie stimmte meinem Ansinnen erfreut zu – und mir nichts, dir nichts plauderten wir über dies und jenes, vornehmlich Dinge, die die Frankfurter Kulturszene betrafen und unsere persönlichen Vorlieben und Ausgehgewohnheiten in dieser Hinsicht zum Gegenstand hatten.

Die schwarze Ledercouch aber war genau jener Treppe gegenüber ausgerichtet, die das langsam eintreffende Publikum zunehmend frequentieren musste, um zu Garderobe und Einlassmöglichkeit zu gelangen; und also hatte ich Gelegenheit, während ich mit der älteren Dame vornehm plauderte, zu sehen, wie sich das Foyer langsam mit den die Treppe herabsteigenden kunstsinnigen, schön gekleideten Menschen vornehmlich mittleren Alters zu füllen begann. Dass auch die Frankfurter Oberbürgermeisterin darunter sein würde, das wurde mir just in jenem Moment klar, als ich der roten Pumps gewahr wurde, in denen ein ansehnlicher Frauenkörper vorsichtig, sich am Geländer abstützend, die breite Treppe herunter stakste. Ein rotes Kostüm und eine schwarze Umhängetasche unterstrichen den markanten Auftritt und die ebensolche Erscheinung der Oberbürgermeisterin auf die mir angenehmste Weise.

Auf der unteren Ebene angekommen, da die ältere Dame und ich rauchten, blickte sie sogleich forschend in die Runde, ob nicht jemand zu erkennen sei, der sie ihrerseits erkennte, und mit dem sie ihrerseits die Zeit bis zum Beginn der Vorstellung auf angenehme Weise herumbringen könnte; offensichtlich, ihre Körpersprache verriet dies augenblicklich, war dem aber nicht so. Fast hätte sie resigniert, fast wäre sie die Treppe wieder vorsichtig nach oben gestakelt, um noch einmal im Eingangsbereich des Hauses nachzusehen, fast hätte sie auf den pfenniggroßen Absätzen eine Pirouette gedreht und kehrt gemacht, wäre da nicht ihr Blick gewesen, und der fiel auf mich.

Strahlend lächelnd, den Arm nach vorn gestreckt, kam sie auf mich zu, mich mit einem herzhaften *„Dass man Sie auch einmal wieder sieht, Herr... äh"* begrüßend – so, dass ich, überrascht wie ich war, kaum die Zeit fand, meine Zigarette zu entsorgen und mich bei meiner freundlichen Sitznachbarin für mein unverhofftes Aufstehen und meinen unhöflichen schnellen, abrupten Aufbruch zu entschuldigen. Ich begrüßte also die Oberbürgermeisterin artig und stellte mich mit meinem Namen vor, was sie augenblicklich mit einem *„Ja, natürlich"* konterte, um mich *stante pede* in ein Geplauder über die Frankfurter Kulturszene und unsere persönlichen Vorlieben und Ausgehgewohnheiten in dieser Hinsicht usf. zu verstricken versuchte. Ich fragte, eingeschüchtert, wie ich war, gar nicht erst nach, wann wir uns wohl das letzte Mal gesehen hätten und warum sie die Freundlichkeit besaß, mich nach so langer – und lange musste es, so es eine solche Begegnung überhaupt einmal gegeben haben sollte, wohl her gewesen sein – mich nach so langer Zeit also wieder zu erkennen, dies erschien mir an dieser Stelle der Konversation wenig ratsam. So plauderten wir, doch merkte ich wohl, dass sie mit einem Auge insgeheim immer hin zum Treppenabsatz schaute, ob nicht wer noch Bekannteres oder Unterhaltsameres nach unten kommen würde, die immer zuerst auftauchenden schwarze Schuhe und Hosenbeine dabei insbesondere musternd, um, wie ich in ihrem Gesicht zu lesen vermeinte, in sich steigernder Vorfreude von ihnen auf ihre Besitzer zu schließen, um sich dann, beim

Auftauchen der Gesichter, die nicht hielten, was die Hosenbeine versprachen, enttäuscht wieder mir, leicht seufzend, zuzuwenden und mit dem Geplauder fortzufahren. Ich begann langsam, gegen meine Gewohnheit, leicht zu schwitzen und sehnte den Moment herbei, da mich ein paar dieser Hosenbeine, die auch ich in meiner Situation und von meinem Standpunkt im Foyer aus zwangsläufig wahrnehmen musste, aus dieser misslichen Situation befreien würden, da mir so langsam die Themen auszugehen begannen. Da erschien Reich-Ranicki.

Die Oberbürgermeisterin sprang angesichts des wie vom Himmel gefallenen Kritikers, der seine Gattin am Arm vorsichtig die Treppe hinunter begleitete, mit einem Jauchzen auf die beiden zu, umarmte sie der Reihe nach – und führte sie zu mir. *„Marcel"*, flötete die Oberbürgermeisterin, *„darf ich dir eben mal Herrn... äh vorstellen?"* Sie blickte mich gleichermaßen auffordernd wie fragend an, worauf ich mich den beiden neu Hinzugekommenen artig mit meinem Namen vorstellte. Reich-Ranicki sah mich etwas komisch von der Seite an und sagte so etwas wie *„Äh ja ja, natürlich, wir haben uns ja auch lange nicht mehr gesehen."* Damit hatte er natürlich Recht, aber auch in diesem Moment hielt ich es für wenig geboten, mit einem forschen *„Doch, Sie kenne ich aus dem Fernsehen"* zu kontern, obgleich es ja stimmte. Ich murmelte also verhaltene Zustimmung, und nach ein paar wenigen Worten, die die Frankfurter Kulturszene betrafen und unsere persönlichen

Vorlieben und Ausgehgewohnheiten in dieser Hinsicht, verabschiedete sich das Trio freundlich, um den hübschen Einlasskartenkontrolleurinnen der Kammerspiele die Aufwartung zumachen, denn die Zeit war fortgeschritten und lange würde es bis zur ersehnten Vorhangzerteilung wohl nicht mehr dauern.

Erschöpft, aber glücklich, all dem entronnen zu sein, setzte ich mich wieder auf meinen alten, frei gebliebenen Platz neben der freundlichen, älteren Dame, die noch immer oder schon wieder rauchte. Auch ich drehte mir noch eine Zigarette, wobei mir die ältere Dame aufmerksam und wohlwollend zusah. Als ich mich entspannt in die Ledercouch zurückgleiten ließ, um das Vorangegangene noch einmal kurz zu evaluieren, ehe ich damit beginnen würde, mich auf den Theaterabend zu freuen, sah mir meine Sitznachbarin scharf, aber nicht unfreundlich ins Auge und meinte: *„Na, Sie kennen hier ja auch jeden."*

* * *

Postskriptum: Im Zuschauerraum belegte ich einen mittleren Platz in der zweiten Reihe, was für einen Kritiker nicht ungewöhnlich ist. Vor mir saßen, auch damit muss und darf in Frankfurt gerechnet werden, die Oberbürgermeisterin und das Ehepaar Ranicki. Nachdem der Vorhang sich geteilt und in den ersten drei, vier Minuten auf der Bühne weder etwas gesprochen wurde noch überhaupt etwas geschah,

dem im weitesten Sinne das Attribut „Aktion"
beigeheftet hätte werden können, raunte der Kritiker
in Richtung seiner Gattin, leise aber vernehmlich, und
das ist nun etwas, was ich mir sogleich vornahm, es
festzuhalten, weil dies nun in der Tat wirklich ungewöhnlich ist, raunte der große Kritiker also so leise
wie vernehmlich in Richtung seiner Gattin: *„Ich
versteh' das nicht. Ich versteh' das alles nicht."* Die
Oberbürgermeisterin nickte dazu ernst mit dem
Kopf; doch die Gattin des Kritikers schien bereits fest
zu schlafen.

Gedichte, die wir uns schenken können (II)
Für Kristiane A.-W.

uns festgeliebt habend
versuchten wir alsbald
den rost
im gewinde unserer liebe
zu beseitigen
doch
wir müssen wohl etwas zu fest
gekratzt haben
denn
wir fielen
auseinander

Drei Pudel.
Die Jacob Sisters.

Der Biobauernhof im Nachbarort hatte seine Kunden und die Presse eingeladen, das kleine Jubiläum – zehn Jahre Direktverkauf von Obst, Eiern und Gemüse – zu feiern. Als besonderer Höhepunkt war der Besuch der Jacob Sisters angekündigt; sie wollten im Laufe des Vormittags kommen und auf dem Hof einkaufen. Weil Bioprodukte gesund sind und sich die vier gesund ernähren, hieß es in einer Pressenotiz. Wir warteten voller Neugier.

Ihr großer Wagen fuhr endlich vor, kleine Pudel sprangen heraus. Es folgten vier kleine Damen. Eine von Ihnen kannte ich nicht. Sie waren die reine gute Laune. Richtig ansteckend. Rosi, die Fahrerin, machte sofort eine Flasche Sekt auf. Hannelore hatte schon leichte Gehschwierigkeiten. Die herumstehenden Männer bekamen allerlei Schlüpfriges zu hören. Sogar ich. Es herrschte eine recht private Atmosphäre. Das Quartett und die Pressemenschen kannten sich ohnehin. Doch bald war es auch dem Außenstehenden offensichtlich: alle vier Damen waren angetrunken.

Allein: Sie bewältigten das Problem professionell. Jederzeit wussten sie, wann sie fotografiert würden. Wenn ein Blitzlicht aufblitzte, strahlten sie in Richtung Kamera. Es gab kein Bild, das sie ernst oder mit blödem Gesichtsausdruck gezeigt hätte. Sie hatten ihre Mimik vollkommen unter Kontrolle. Dabei tranken sie unglaublich viel. Den Sekt hatten sie selbst mitgebracht.

Der eigentliche Fototermin ging schnell herum: In Trachtenkleidchen gesteckt und mit einem lustigen Hütchen liefen sie durch das Obst-, Gemüse- und Eierangebot des Hofs. Die Fotografen knipsten unentwegt. Ab und an legten sie eine Gurke oder einen Salat in ihr Körbchen. Sie lachten und kicherten hartnäckig. Es war nicht auszumachen, wie alt sie waren. Die Hunde hüpften um sie herum. Diesmal waren sie nicht gefärbt.

Am Ende luden Sie die wenigen Gäste der Veranstaltung, die bis zum Schluss geblieben waren, zum Mittagessen ein. Ich habe mich nach der Vorspeise verabschiedet und freundlich bedankt. Glücklich, habe ich bei mir gedacht, glücklich sind die nicht.

Ein kleiner Finger.
Josef Hader.

Zu den bemerkenswertesten Verfilmungen der Brenner-Romane des österreichischen Schriftstellers Wolf Haas zählt für mich „Der Knochenmann", den Wolfgang Murnberger gedreht hat, natürlich wie immer und wieder mit Josef Hader in der Hauptrolle. Besonders beeindruckt hatte mich darin, als ich den Film zum ersten Male sah, die Szene, in der der großartige Josef Bierbichler dem nicht minder großartigen Hader in der Küche der Bierbichlerschen Gaststätte „Löschenkohl" mit einem Metzgerbeil den kleinen Finger der linken Hand abhackt, nachdem der Hader dem Bierbichler zuvor aufgehängte Schweinehälften an den Kopf geschubst hat, ohne den zum Mord wild Entschlossenen deshalb in seiner Raserei wesentlich einschüchtern zu können. So sehr beeindruckt, dass ich in meiner Erinnerung die Handlung des Romans und des Films zunehmend gar nicht mehr erinnern konnte, weil ich allen Inhalt nur auf die Szene in der Küche reduzierte und der „Knochenmann" letztlich für mich nur noch aus dem abgehackten Finger Haders bestand. Und obwohl ich doch so viel darüber wusste und noch täglich darüber lerne, dass der Film mit Filmtricks arbeitet, dass hier Raumschiffe und Küsse und das ganze vergossene Blut nicht echt und die vielen Toten der Krimis gar nicht in Wirklichkeit verstorben sind, nicht einmal die Tiere, hatte der Hader für mich in meiner Vorstellung danach nur noch neun Finger. Der Hader, der Kabarettist, war von nun an der Mann mit der beschädigten, der reduzierten linken Hand. Sie war mir wider alles bessere Wissen über Jahre nicht auszutreiben, diese Vorstellung. Der Brenner, so die Rechnung, gleich der Hader, gleich neun Finger. Das konnte, das durfte so nicht weitergehen.

Und plötzlich, Jahre später: Der Hader trat in der Nähe auf, Hader spielte Hader, so sein Kabarettprogramm, der Hader würde kommen, sich leibhaftig zu zeigen und den Beweis anzutreten, dass er sehr wohl alle zehn Finger, ich dagegen wohl nicht alle beieinander hätte und mich ein für allemal davon zu überzeugen, dass ich jahrelang grundlos einer fixen Idee angehangen hatte. Der Plan, den ich mir zurechtgelegt hatte, musste während des Auftritts leicht modifiziert werden; ich konnte von meinem Platz aus nämlich nicht so genau sehen, wie viele Finger er an der linken Hand wirklich hatte. Mal waren es eindeutig fünf, dann schien mir wieder einer zu fehlen, dann tauchten da – so hypnotisiert starrte ich auf die Bühne – doch plötzlich sechs Finger auf, dann hielt er den ausgestreckten Arm mit dem Victory-Zeichen hoch, dann waren's drei, dann wieder einer, dann plötzlich doch wieder vier. Ich kam gar nicht auf den Gedanken, was ich da eigentlich tat; während das Publikum in diesem ausgezeichneten, so wurde mir wenigstens später glaubhaft versichert, Programm mitging, mitarbeitete und mitlachte, versuchte ich, Finger zu zählen. Hader schien das zu bemerken, wenigstens foppte er mich, so schien mir, mit jeder Geste, mit jeder schnellen Bewegung seiner Hand, schien mich dabei über die dreizehn Reihen vor mir so spitzbübisch wie herausfordernd anzusehen, ganz so, als wolle er sagen: *„Bürscherl, was moanst? Kummst net mit mim Zöln?"* Also beschloss ich, um sicher zu sein, nach der Veranstaltung zu ihm zu gehen, um ein Autogramm zu erbitten. Da würde er nichts machen können, da würde ich ihn stellen. Ich würde schon hinter dieses mysteriöse Rätsel kommen. Gerade, weil sich der kleine Finger während der Veranstaltung zu verselbstständigen schien, hin zur Gestalt eines Geheimnisses, das der Hader um jeden Preis vor mir zu bewahren trachtete. Aber dir zeig ich's, *Bürscherl*, dachte ich, nicht mit mir.

Ein bisschen aufgeregt war ich schon. Der Hader hatte sich im Programm zuvor augenzwinkernd ein wenig lustig gemacht über die, die hernach zu ihm kommen und ihn um ein Autogramm bitten würden, ich fühlte mich da sofort persönlich angesprochen. Aber da musste ich durch, war als erster vorne, kaufte eine DVD des Programms und ließ mir noch eine Autogrammkarte geben, um sie gleichfalls signieren zu lassen. Als Erster in der Reihe wartete ich, dass sich der Hader ein frisches Hemd angezogen haben und, wie angekündigt, zum Signieren noch einmal vor die Bühne kommen würde. Was er denn auch tat.

Der Rest ist schnell erzählt. Natürlich, ich hätte sofort das DVD-Cover aufklappen, ich hätte ja eigentlich schon vor Jahren mir einmal Bilder vom Haderschen Oberkörper, auf denen auch die Extremitäten zu sehen sind, angucken, ich hätte einen einschlägigen Lexikonartikel über ihn heranziehen und was weiß ich nicht noch alles tun können, um meiner Neurose die Schranken zu weisen. Hätte, hätte, Fahrradkette. Nein, ich tat das alles nicht. Wie weiland Thomas von der Lebendigkeit seines Herrn justament erst in jenem Augenblick überzeugt war, da ihn der Herr zwar nicht mit einem fehlenden Finger, aber doch mit Stigmata ganz anderer Art zu beeindrucken wusste, überzeugte mich der Hader durch einen freundlichen Händedruck mit der Rechten und die dabei leicht, wie zu einem Gruß erhobene linke Hand, an der nichts, aber auch gar nichts fehlte. Im Gegenteil: Er zeigte mir zwei ausgesprochen schöne, warme, freundliche Hände, die ich überrascht und erfreut, gleichzeitig aber auch ein wenig, und ich weiß jetzt nicht, ob jemand das nachvollziehen kann, der nicht eine ähnliche Erfahrung gemacht hat, gleichzeitig doch auch ein wenig enttäuscht, da meiner Illusionen beraubt, ansah. Er deutete meinen irritierten Blick wahrscheinlich in Richtung einer früheren, angelegentlichen Begegnung. Wir hatten noch ein kurzes, sehr freundliches Gespräch. Auf der Autogrammkarte, die er signiert hat, sind die Hände leider nicht zu sehen.

N.B. Ich mache mir jetzt keine Gedanken mehr, ob dem Brenner oder dem Hader ein Finger fehlt, die Sache ist für mich geklärt. Allerdings denke ich gelegentlich über den Bierbichler nach. Ich weiß, dass

Filme nach Drehbüchern abgedreht werden und die handelnden Personen nicht so gut oder böse sind, wie sie uns im Kino erscheinen. Aber dass der Bierbichler dem Hader den schönen Finger abgehackt – Drehbuch hin und her – und gar versucht hat, ihn umzubringen, nehme ich ihm irgendwie übel. Ich zweifle ein bisschen, ob ich weiter oben zu Recht der „großartige Josef Bierbichler" geschrieben habe und stelle mir jetzt die recht ernst gemeinte Frage, ob dieser Bierbichler doch in Wirklichkeit nicht eigentlich ein bitterböser Kerl ist.

Eine Tasse Kaffee.
Harry Rowohlt.

Wie ich so meinen Gedanken nachgehe, ob der gerne so genannte "Migrationshintergrund" mancher jüngerer Zeitgenossen orientalischer Provenienz nicht doch eher eigentlich ein "Migrationsvordergrund" ist - während allein ihr Musikkonsum mit dem Begriff Migrationshintergrundmusik recht gut umrissen wird -, wie ich also so diesen wenig erbaulichen Gedanken nachgehe, fällt mir passenderweise gleich das schöne Wort ein, dass nämlich meine Ausländerfeindlichkeit im Grunde nur noch von meiner Inländerfeindlichkeit übertroffen wird. Dieses schöne Wort ist nun im Gegensatz zu den beiden anderen und eben erwähnten leider nicht von mir, und wie ich dann so meinen nächsten Gedanken nachgehe, von wem es wohl sonst stammen könnte, fällt mir ein, dass es von Harry Rowohlt stammt, und dann fällt mir auch gleich schon wieder ein, wie ich mit Harry Rowohlt mal einen Kaffee trinken wollte.

Meine Buchhandlung hatte ihn eingeladen, vorzulesen. Und weil sich die Buchhändlerin im Vorfeld der Lesung mit anderen Dingen zu beschäftigen hatte, die einer Buchhändlerin letztlich auch würdiger sind, bat sie mich, ich möge doch bitte

a) rechtzeitig die für Harry Rowohlts Lesungen im Vertrag eingeforderten essentiellen Utensilien zu besorgen, die da waren eine Flasche irischen Whiskeys sowie zwei Flaschen regionaltypischen Bieres, die, wenn er sie zu Beginn der Lesung an seinem Platz vorfände, sicherlich dazu beitragen würden, dass die Lesung mit dem zu erwartenden Erfolg auch tatsächlich würde rechnen dürfen, dann

b) rechtzeitig Harry Rowohlt vom Bahnhof abzuholen und zur Buchhandlung zu begleiten, da er – in absoluter Unkenntnis der örtlichen Gegebenheiten - sicher in die falsche Richtung laufen und damit den pünktlichen Beginn der Lesung in Frage stellen würde, und schließlich

c) für den Fall, dass Harry Rowohlt zu früh am vereinbarten Bahnhof ankommen und sich die Zeit bis zum vereinbarten Lesebeginn nicht anders vertreiben könnte denn durch exzessives Vor-sich-hin-Langweilen, was letztlich den Erfolg der Lesung dann doch noch in Frage stellen würde, ihn zu unterhalten und mit ihm einen Kaffee trinken zu gehen. Den Kaffee würde sie schon zahlen, meinte die Buchhändlerin, da müsste ich mir keine Sorgen machen.

Ich war also, und das mag ich gerne noch einmal zusammenfassen, in dreierlei Hinsicht für den Erfolg von Harry Rowohlts Lesung verantwortlich: Ob Harry Rowohlt überhaupt würde lesen können (vgl. a), ob er rechtzeitig würde lesen können (vgl. b) und schließlich, vgl. c, ob er, wenn a und b sichergestellt wären, denn auch in guter Laune würde lesen können.

Alkohol war kein Problem, mein Gewährsmann vom Getränkemarkt hatte alles vorrätig. Abholen war kein Problem, Harry Rowohlt war schon an der richtigen Seite ausgestiegen. Aber c. c war ein Problem. Nicht, dass es im Städtchen keine Möglichkeit gegeben hätte, einen Kaffee trinken zu gehen – die Unmöglichkeit des Unternehmens lag, ich muss das hier leider so sagen, in Harry Rowohlts Garderobewahl für diesen Leseabend begründet. Sicher, er hatte, soweit ich das beurteilen konnte, einen teuren, schwarzen Anzug gewählt, doch darüber trug er, der Jahreszeit angemessen, ein etwas in die Jahre gekommenes, sicherlich von ihm persönlich sehr geschätztes, aber nichtsdestotrotz abgenutztes, um nicht zu sagen fast schmuddeliges, Überbekleidungsstück, das er für gewöhnlich in seiner kleinen Nebenrolle als Wohnsitzloser in einer seit Menschengedenken im Fernsehen laufenden Vorabendserie zu tragen pflegt. Seine bei sich geführte Jutetasche, in der er die Manuskripte und Bücher, die er hernach für den Auftritt würde benötigen, transportierte, teilte mit dem Überbekleidungsstück den Status des Antiquarischen; auf ihr prangte, straßenschildblau, der Titel der besagten Vorabendserie. Und die Haarpracht, auf und im Gesicht, die an bekannte Portraits des großen Begründers des modernen Sozialismus' gemahnte, vervollständigte einen optischen Eindruck aufs Allerlogischste, von dem ich mir nicht sicher sein durfte und konnte, ob

Harry Rowohlt ihn nicht ganz bewusst herbeizuführen trachtete.

Denn mir erschien im Folgenden, als genösse er die Situationen, die entstanden, wenn wir, die einschlägigen Etablissements vom Bahnhof in Richtung Buchhandlung abklappernd, in denen wir einen Kaffeeausschank und die Möglichkeit, Platz zu nehmen um uns miteinander auszutauschen, diese Etablissements tatsächlich betraten und unser Ansinnen vorbrachten. Es gab nur Absagen: Die Inhaber der einen beabsichtigten - und äußerten das auch auf die regionaltypisch so charmante wie direkte Art & Weise -, in wenigen Minuten zu schließen, ein anderer gab vor, gar keinen Kaffee zu besitzen (worauf mir auf meine vorsichtig-höflich gestellte Nachfrage, woran die älteren Damen an den Tischen denn da wohl nippten, wenn nicht an einer Portion entkoffeinierten Kaffee Hags, auf die gleiche regionaltypisch so charmante wie diesmal aber nachdrückliche Art & Weise mit der Gegenfrage begegnet wurde, ob ich es mit den Ohren hätte, worauf mich Harry Rowohlt sanft aber bestimmt Richtung Tür schob, dabei amüsiert in den Bart grummelnd), und ein dritter ignorierte uns schlicht & einfach, nachdem wir einen freien Tisch gefunden und uns niedergelassen hatten, so lange, bis Harry Rowohlt aufstand, seinen Jutebeutel packte und mich wieder so sanft wie bestimmt zur Tür schob. Warum es auf dem ganzen Weg zur Buchhandlung für uns keinen Kaffee geben sollte, auch wenn er den grünen Parka trug, das konnte ich, der ich ebenfalls überbekleidungs- und haupthaarmäßig vielleicht nicht den allergünstigsten Eindruck vermittelte, wir mithin wie Vater & Sohn auf der Suche nach einem Rastplatz und einem warmen Getränk erscheinen mussten, das uns hartnäckig vorenthalten bleiben sollte, nicht verstehen. Es war mir peinlich - auch weil ich den im Aufgabenkatalog unter c) verhandelten Punkt nun würde nicht abarbeiten können. Allein Harry Rowohlt nahm es mit stoischer Gelassenheit hin, und wir unterhielten uns eben im Gehen.

Wie verrann darüber doch die Zeit – schon waren wir vor der Buchhandlung angekommen. Viele Leute standen dort, und das amüsierte Harry Rowohlt in gleichem Maße wie es mich irritierte, die sich eine Karte gekauft hatten, weil der, wie es mir gegenüber eine jüngere Enthusiastin aus offensichtlich bildungsfernerer Schicht jauchzend auf den Punkt brachte, der da neben mir stand, der berühmte *„Penner aus der Lindenstraße"* sei und die Frage nachschob, ob ich ihn kennen würde, er werde jetzt Einblicke in seine schauspielerische Karriere geben und ganz viel von der „Lindenstraße" erzählen und Autogramme geben, und da freute sie sich sehr drauf. Auf die Ansage der Buchhändlerin, die mein a), b) und c) als erledigt wähnte, Harry Rowohlt werde eigene Texte und vor allem aus seinen Übersetzungen aus dem englisch-Irischen lesen, reagierte ein Teil der Anwesenden mit Unverständnis, und mein Nebenmann beugte sich nahe zu mir und äußerte seine Bedenken in Form eines *„Wie, der schreibt? Wie lange soll das denn* dauern?"*. Es dauerte, um es kurz zu machen, sehr lange, dreieinhalb Stunden, Harry Rowohlt kam richtig in Fahrt, trank seinen Whiskey und sein Bier, hatte blendende Laune, vergaß jede Pause und bescherte den Anwesenden, die nicht wegen der „Lindenstraße" gekommen waren, einen literarisch-hinreißenden Abend. Einmal, als im gelesenen Text die Worte *„ein Trunk wäre jetzt nicht schlecht"* fielen, hier freilich auf ein Glas Porter in einer Flann O'Brien-Geschichte gemünzt, blitzte er mir beim Lesen schelmisch zu. Im Anschluss musste er mit denen, die trotz zwischenzeitlich sich eingestellt habender Enttäuschung über den Verlauf des Abends geblieben waren, doch noch über die „Lindenstraße" sprechen. Ich glaube, ab diesem Zeitpunkt war er etwas genervt – und als sich dann noch ein junger Mensch berufen fühlte, ihm erklären zu müssen, er habe ein Whisky-Seminar an der Volkshochschule belegt und dass der schottische Whisky dem irischen Whiskey in jeder Form vorzuziehen sei, nahm Harry Rowohlt körpersprachlich eine Haltung ein, die nichts Gutes für die Gesundheit des jungen Mannes befürchten ließ, so dass mir nichts anderes übrig blieb, als Harry Rowohlt so sanft wie bestimmt in Richtung Tür zu schieben.

Man vermisst mich seither in den Cafés im Städtchen, denn ich gehe aus Solidarität mit Harry Rowohlt da überhaupt nicht mehr hin. Ich habe heute nämlich meine Zweifel, ob das gerne und oft strapazierte Wort vom Aufruf zum Brückenbauen, um irgendwelche Kulturen irgendwie miteinander zu verbinden, nicht von vornherein zum Scheitern verurteilt sein muss, weil es kaum gelingt, eine Brücke zur so genannten eigenen Kultur auf die wackligen Pfeiler zu stellen. Wenn ich also ins Café gehe, dann in eines dieser Cafés im Nachbarstädtchen, die zwar mehrheitlich fest in orientalischer oder wenigstens mediterraner Hand sind; doch merke ich wohl, und hier komme ich überraschenderweise noch einmal auf den Anfang dieser Erinnerung zurück, dass mich die Migrationshintergrundmusik dort eigentlich doch viel weniger stört, als ich bisher immer von mir annahm, dass sie es täte, und ich denke voller Hochachtung und mit viel Respekt an Harry Rowohlt und seinen schönen Satz zurück, seine Ausländerfeindlichkeit werde nur noch von seiner Inländerfeindlichkeit übertroffen – weil ich diesen Satz jetzt erst wirklich verstanden habe und damit auch zu dem meinigen machen konnte. Denn da, und das muss ich jetzt zum Schluss doch noch einmal deutlich hinschreiben, denn da, in diesen Cafés, hätte Harry Rowohlt mit Sicherheit eine Tasse Kaffee bekommen. Ich bekomme ja schließlich auch eine.

MEIN SCHÖNES LANGEN
ZEHN HEIMATGEDICHTE

de mord
(fern erisch)

also wie ich des im fernsehn gehört hab
mir is ja fast die brill von de nas gerutscht
kei ahnung hawwese, die herren journalisten
so geht's net, hab ich gesaacht, so net
da ruf ich noch emol an und stoß dene bescheid
so gehts doch werklisch net
wie de körpen den fischmann entführt
un in sein bungalow an de südlisch ringstraß
                                versteckelt hot
un wie des alles rausgekomme is
und de fischmann dann doot war
do sinnse gekomme, die von de „hesseschau"
un hawwe en film gedreht
über uns und gesaacht
in „langen-mörfelden" wär de mord passiert
nur weil se die a5 genomme habe, die deppe
langen-mörfelden, da lach ich doch
was, fraach ich, hawwe die mörfelder mit unserm
                                mord zu tun
solle se doch selbst was mache
wenn se ins fernsehn wolle
die hänge sich doch bloß dran
des is alles, was se könne
dene is doch alles recht
um aach emol im fernsehn zu erscheine
da gehen die über leiche
da schrecke die
selbst vorm mord net zurück

die einheit vom
geburts- und sterwezimmer
also dass einer
der wo gestorwe is
in dem zimmer gestorwe is
wo er aach geborn wurd
war nix besunneres

heut is des eher selten
dass aaner im gleiche haus sterbt
wo er geborn is

wahrscheinlich sterwe hier
die häuser noch schneller
als die mensche

wisst er noch
wisst er des noch
wie er durch die stadt gelaafe is
ganz in schwazz warer
un immer hat er so zwei, drei debei
reklaame hawwese gemacht
fer ihr komisch paddei
dischpudiere wollde se
an de haustür
immer höflisch
da kann mer nix saache
un geschwärmt hawwe se
von lange - was des fer e dolle stadt un
dass halt noch net alles perfekt wär
awwer des könnt mer ännern
hawwe se gesacht, immer höflisch
un deshalb wollde se aach kandidiere
fer ihr komisch paddei
wisst er des noch - dann war er weg
später hawwese im fernsehn gesaacht
er wär doot
bei uns wollt er beerdischt wern
des hawwe se aach gesaacht
den wunsch hawwese se em net erfüllt
dabei hats em doch hier so gut gefalle
hier bei uns der war sogar im fernsehn
der kühne, en prominende warer
awwer bei uns da hats em gefalle
wisst er des noch

stadtrundfahrt

neulich
hat mers geträumt
ich lauf die bahnstraß enunner
un do fährt en bus an mir vorbei
ganz langsam
en riesegeschoss
zwei stockwerke
mit klo und fideo
und bar un allem
un an de seit von dem bus steht
in riesiger schrift
„langen stadtrundfahrt"
und dass des jetz en neue service wär
von de stadt fer ihr gäste
un wie de bus anhält
an de ampel vor de erkschul
da geh ich hin un guck emol
ganz vorsichtisch
dursch die getönte scheibe
un in meim traum
sitze do de böjermaaster un sein
kulturamtsleiter
ganz alaans
un schloofe

de kalenner

die sparkass hat mer letzt jahr was geschenkt
he he
des erste mal seit ich mich erinner
en kalenner fers neue jahr
mit beste wünsch un so
hochglanzbildscher hat er
werklisch schee
aach von lange sin welche debei
wann ich en mir so betracht – mein kalenner
un am end vom monat
des aale blatt enunnerrobb
dann denk ich mer
er leit, wie die zeit vergeht
nur der aale kram von frier
der hat bestand
der bleibt wie er is
neue zahle drunner un ferdisch
dann kann en
die sparkass im nächste jahr
grad nochemol verschenke

manches bleibt halt
weils wohl so bleiwe soll
alles annere net

jahr fer jahr beim ebbelwoifest
wann ich se alle so seh
wie se am vierröhrebrunne stehe
un sich unterhalte
un trinke
un mitenanner lustisch sin
un erinnerunge austausche
an frier

da kimmt mer so en gedanke
un ich frach mich
ob mir des eigentlich noch selbst sin
die da jahr fer jahr die ebbel auspresse
um unser sauer gesöff zu produziere
un uffem jahrmarkt auszuschenke

oder ob net die ebbel
schon längst ganz heimlich
die macht über uns übernomme hawwe
un uns quetsche un drücke
um uns
jahr fer jahr
die letzte droppe heimatgefühl
aus den rippe zu presse

die mir dann
uffm jahrmarkt serviere
jahr fer jahr

un kaaner merkts

sitz im leben

des is mein platz
seit 30 jahrn is des mein platz
do hock ich immer
immer donnerstags hock ich do
in de singstund
des is wie dehaam – da hab ich aach mein platz
wo ich immer hock
des ännert sich aach net
neulich wollte se mich umsetze
fern neue
nix, hab ich gesaacht, ich setz mich net um
bevor ich mich umsetz hör ich ganz uff
mit dere singerei
fern neue hätt ich mich umsetze solle
des gibt's doch gar net
des hawwe die annern aach gesaacht
der sitzt doch immer da
hawwe se gesaacht
daheim hock ich mich aach net um
egal wer kommt
des soll mal einer saache zu mir
mach platz
dem erzähl ich was
un so e singstund
des is doch wie dehaam
des is doch wie e familie, könnt mer saache
des versteht bloß net jeder
am wenigsten
de neue

herbst

noch grün
die dürftige heimat langen
im herbst
säuberlisch
uffgeräumt wie immer

jetz wern die pingpongtische
unner pergolen gerollt
un weiße gaddemöbel
verschwinde in garaasche
die sonn hängt trüb in eichenzweigen
mer kratze blätter
huste ab un zu

un so
erwarte mir getrost
was komme mag
un hoffe
dass was kimmt

die heimat

mir is die heimat
wie en klaane, dreggische hund
en köder gewissermaaße
der wo mer nachläuft

ich kenn den schon lang
awwer ich trau dem net
immer wenn ich vorbeigeh
kommt er angesprunge
un hibbt an mer hoch

wann ich nach ihm tret
dass er verschwind
schleicht er sich von hinne widder an
un knappt mer ins baa

un mir is so
als würd er
dreggisch lache
dadebei

epilog: leserbrief

wann mei gedichtscher sinn hawwe
dann vielleicht den
zaghaft druff zu deute
dass e paar vorgeblich harmlose
wenn net banale
zeile über lange
viel mehr echo finde
in de meedje
un sonstwo
als
saache mer
e schee fernissaasch
oder e konzert
mit guude musiker
oder e lesung mit einem
der wo werklisch was zu saache hat

net viel anneres
steckt hinner so em gedichtche
denn
dass des so is
muss doch zu denke gebe
un dass des so is
wies is
des is halt aach

langen

Raritäten.
Eine Jazzsendung.

Jingle, 0' 15"

Moderator: Hallo und willkommen, liebe Jazzfreunde, zur heutigen Ausgabe von „Jazz now" begrüßt Sie Manfred O. Schüttelmann. Ich kann Ihnen angesichts der tropischen Temperaturen draußen auf Ihrem Balkon und anderswo leider nur wenig Abkühlung versprechen. Zu heiß sind die Titel, die auf sie warten, und da will ich Sie auch gar nicht lange auf die Folter spannen. Beginnen wir also ohne Umschweife mit einem Standard aus den 50ern. Aber, oha, der hat es in sich. Bill „Cool" Waters hat ihn neu für sein Quintett arrangiert. Der coole Bill ist dabei selbst am Altsax zu hören, unterstützt wird er von Carl „Muddy" Coltrane, der mit Chick übrigens nicht verwandt ist, an der Trompete, Pete „Slash" Corner bedient die Drums, Bart „Hammer" Truely steht am Bass, und am Piano ist kein Geringerer als Donald „McChicken" Gregor zu hören: The Spinny Dinny!

Einspielung Spinny Dinny, ca. 0' 45"

Moderator: Spinny Dinny. Geschrieben Anfang der 80er fürs große Jazzfestival von Buckley Head liegt diese Aufnahme zwischenzeitlich auch als CD vor – unsere CD-Liste können Sie wie immer bei uns anfordern, mehr dazu am Ende unserer Sendung. Carl „Muddy" Coltrane, eben an der Trompete zu

hören, war übrigens der Frontman der Carl „Muddy"
Coltrane Allstars, die seinerzeit in Buckley Head für
Furore sorgten. In der folgenden Aufnahme hören
Sie ihn noch einmal, diesmal zusammen mit Pete
„Hammer"   Gregor   (Altsaxophon),   Bart
„McChicken" Waters (Drums), Donald „Cool"
Corner (Bass) sowie Bill „Slash" Truely am Piano.

Einspielung Spinny Dinny, ca. 0' 45"

Moderator: Zu etwas ganz anderem. Pete „Slash"
Corner, bei unserem Eingangsstück in unvergleichlich
typischer Weise als Wirbelwind an den Drums zu
hören – er ist weder verwandt noch verschwägert mit
Alexis – zeichnet auch für das folgende Arrangement
verantwortlich. Diesmal steht ein exquisites Trio auf
der Bühne : Neben „Slash" der Bassist Bart „Cool"
Truely, der auch schon gemeinsam mit Donald
„Muddy" Gregor oder Bill „McChicken" Coltrane in
Brisbane aufgetreten ist, dazu – aus der „alten Garde"
– Posaunist Carl „Hammer" Waters, an dessen Gigs
beim Deutschen Jazzfestival 1965 sich nicht nur die
älteren Fans gerne erinnern werden.

Einspielung Spinny Dinny, ca. 0' 45"

Moderator: Stichwort Carl „Hammer" Waters. Der
alte Knabe konnte 1969 jene sagenumwobene
Formation „Hammering Friends" für das achte
Jazzfestival von Cointreau auf die Beine stellen und
dabei Größen wie Bart „Slash" Coltrane, Pete „Cool"

Truely, Bill „Muddy" Corner oder Carl „McChicken" Corner und manche anderen zum Mitspielen gewinnen. Aufnahmen sind selten, um so mehr freut mich, dass sich dieses Tondokument erhalten hat: „The Hammering Friends".

Einspielung Spinny Dinny, ca. 0' 45"

Moderator: Wir sind fast am Ende von „Jazz now" angekommen, liebe Jazzfreunde. Als letztes Stück hören Sie eine wirkliche Rarität, eine Aufnahme der „Jazz Hammering All Stars Friends" aus dem Juni 1972, entstanden beim 34. Jazzsommer Wladiwostok, in der einige bekannte Namen auftauchen. Sie sind auf dem richtigen Weg, wenn Sie jetzt an Stars wie Bill „Cool" Waters, Carl „Muddy" Coltrane, Pete „Slash" Corner, Bart „Hammer" Truely oder Donald „McChicken" Gregor denken. Aber das sind längst nicht alle. Pete „Hammer" Gregor (Altsaxophon), Bart „McChicken" Waters (Drums), Donald „Cool" Corner (Bass) und Bill „Slash" Truely am Piano, dazu mit Donald „Muddy" Gregor, Bill „McChicken" Coltrane und Carl „Hammer" Waters drei altgediente Kämpfer, und sogar Bart „Slash" Coltrane, Pete „Cool" Truely, Bill „Muddy" Corner und Carl „McChicken" Waters sind mit von der Partie: Welch eine Besetzung, welch ein Stück!

Einspielung Spinny Dinny, ca. 0' 45"

Moderator: Tja, liebe Jazzfreunde, wie doch die Zeit

vergeht. Jetzt sind wir wirklich am Ende unserer Sendung angekommen. Wer unsere CD-Liste zugeschickt bekommen möchte, sendet bitte einen frankierten und an sich selbst adressierten Rückumschlag – ich muss das immer wieder sagen, Ihre Adresse gehört ins Anschriftenfeld! – an den Hessischen Rundfunk, Kennwort Jazz now, Bertramstraße 8, 60222 Frankfurt am Main. Tschüss bis zum nächsten Mal sagt Ihnen Ihr Manomann Schüttelfred.

Einspielung Spinny Dinny, ca. 0' 45"

Fade Out.

Ein neuer Haarschnitt.
Cluburlaub auf Fuerteventura.

Eins.

„*Nein*", meinte die beste Gefährtin von allen, „*nein. So kannst du hier nicht rumlaufen.*" Natürlich hatte sie Recht. Endlich angekommen im Urlaubsclub unseres Vertrauens, nach Monaten der Vorfreude und des Kaum-abwarten-Könnens, hatte ich es wie üblich versäumt (freilich aus Gründen starker beruflicher Inanspruchnahme und sonstiger zeitlicher Engpässe und Herausforderungen), mit rechtzeitig vor Betreten der pittoresken Clubanlage im Süden der geliebten Insel, die wir freilich nicht zum ersten Mal aufgesucht hatten, hatte ich es also versäumt, mir zuvor bei meinem heimischen Gewährsmann in Sachen Haarpflege, dem so jugendlich wie türkisch anmutenden Sezer, dem Meister der Schere und dem untrüglichen Auge für die Besonderheiten meiner Kopfbehaarung, hatte ich also versäumt, mir zuvor noch einen adäquaten Haarschnitt zuzulegen, der das zu erwartende vornehme Publikum im Club nicht allzu sehr vor den Kopf stoßen würde. Deshalb sprach die beste Gefährtin von allen also ihr deutliches „*Nein, nein*" - denn wenn ich nicht schon (mangels persönlichen Besitzes) ein Poloshirt mit einem aufgenähten Reptil oder wenigstens ein T-Shirt mit einem „*Follow me*"- oder „*Ich war schon auf dem Kilimandscharo*"-Aufdruck vorzuweisen hatte, sollten wenigstens nicht auch noch die Haare Anlass zu unvornehmen Bemerkungen seitens der freundlichen Gästeschar geben. Dieses „*Nein, nein*" meinte also „*Friseur!*", und der befindet sich, das wusste ich noch von früheren Erkundungen der Anlage, auf der Ladenstraße. Halb fünf war Termin.

Zwei.

Die Schere flitzte durch die Locken. Noch nie, so mein Eindruck, hatte jemals ein einzelnes Haar meines Kopfes so viel Aufmerksamkeit genossen, noch nie wurde die Kopfhaut einer derart angenehmen Massage unterzogen, noch nie wurden derart wohlriechende Essenzen zwischen Stirn & Nacken verteilt und eingearbeitet; ich würde mit Sezer einmal ein ernstes Wörtchen zu reden haben, machte mir die behagliche Situation, in der ich mich befand, schlagartig bewusst. Neben mir hatte zwischenzeitlich ein Herr Platz genommen, kurzhaarig, der so aussah, als habe er vor einer halben Stunde schon einmal beim Coiffeur gesessen, und der sich nichtsdestotrotz anschickte, den dezent gegelten Haarflaum um einen dem normalsichtigen Auge nicht erkennbaren Betrag im Mikrometerbereich kürzen zu lassen. Auch er grunzte vor Behagen, als ihm die jüngere der beiden Friseurinnen ihre ungeteilte Aufmerksamkeit zukommen ließ. Ich war gespannt, wer von uns beiden als erster fertig sein und den bequemen Stuhl verlassen würde, und veranstaltete im Kopf diesbezüglich ein kleines Wettrennen. Ich hatte fünf Minuten Vorsprung (dafür längere Haare, was den Vorteil ausgleichen sollte, mir erschien das als fair) und forderte deshalb die Chefin des Salons (denn in der Tat hatte *ich* die Chefinnenbehandlung), die Haarsträhnen zupfte, sie immer wieder hinsichtlich der Länge zu beiden Seite des Kopfes miteinander verglich und entsprechend auf ein gleiches Niveau brachte, forderte sie nonverbal also zu einer etwas höheren Geschwindigkeit auf, ohne dabei freilich ihrem Grundsatz der sorgfältigsten Behandlung meines Kopfes untreu zu werden. Schließlich wartete die beste Gefährtin von allen schon mit dem Tennisschläger in der Hand (mein bei Sezer erworbener Erfahrungsschatz sagte mir, dass die Prozedur in aller Regel nie länger als sechzehn, siebzehn Minuten dauern würde, auch in dieser Frage bestand also Diskussionsbedarf), und ich hatte mir schließlich fest vorgenommen, den Igel auf dem Stuhl neben mir um einige Haarlängen zu schlagen. Wir kamen zum Ende.

Drei.

Nein, ich wollte nicht *„wieder"* diese Strähnchen in den Haaren, musste ich der freundlichen Friseurin leider negativen Bescheid geben, zumal ich niemals irgendwelche Strähnchen im Haar hatte (*„Ach, dann werden die Haare hier wieder blond"*, freute sie sich mit mir), und ich verzichtete auch auf die sicherlich recht zeit- und kostenintensive Behandlung einer *„Grauabdeckung"*, da mir doch graue Haare recht eigentlich gut gefallen und sie seit geraumer Zeit meine natürlich Haarfarbe darstellen, was die freundliche Friseurin zum Herausbilden schöner, großer Augen und der Bemerkung „*Na, das habe ich ja noch nie gehört*", gleichzeitig aber auch zu einem nachsichtigen Lachen und einem, wie ich zu verspüren meinte, teilnahmsvoll-aufmunternden Schulterklopfen animierte. Nachdem ich noch freundlich dankend darauf verzichtet hatte, einen Flakon exzellent riechenden Locken-Aufbau-und-Konservierung-Balsams („*Dann sehen sie etwas feuchter aus*") zu erstehen, zog ich, dankbar für die mir zuteilgewordenen Aufmerksamkeit und Behandlung und einen Look, mit dem ich mich ohne Gewissensbisse und in allergrößter Gelassenheit unters Publikum würde mischen können, zum Tennisplatz. Ich war glücklich, und der Igel auf dem Platz Nummer eins ließ sich, verborgen unter einem Umhang, auf dem ich kein einziges abgeschnittenes Härchen entdecken konnte, noch immer jeder einzelne Stachel föhnen. Ich hatte gewonnen.

Vier.

Abends, mit Freunden auf der Terrasse am schön gedeckten Tisch beim Abendessen. Eine der ersten Fragen, gestellt vermutlich, um locker in die Konversation gleiten zu können, nein, *die allererste* Frage an mich, der ich mich angesichts der neuen Frisur in einem neuen, nie gekannten Zustand der Dazugehörigkeit und damit in einer duftigen Wolke des Angekommen- und Angenommenseins wähnte, die erste Frage an mich lautete also, in zweifellos ganz harmlos-unboshafter Manier vorgetragen: „*Wolltest du eigentlich heute nicht zum Friseur?*"

Ich liebe diesen Aldiana auf Fuerteventura, und ich fahre mit Sicherheit wieder hin, da sind sich die beste Gefährtin von allen und das Kind mit mir einig. Ob ich allerdings hier wieder zum Friseur gehe, werde ich erst vor Ort entscheiden. Wahrscheinlich tue ich's.

Das Weltorchester.
Eine Aufstellung.

Dirigent: N.N.

1. Violinen: N.N., N.N., N.N., N.N., N.N., N.N., N.N., N.N., N.N., N.N., N.N., N.N., N.N., N.N.

2. Violinen: N.N., N.N., N.N., N.N., N.N., N.N., N.N., N.N., N.N., N.N., N.N., N.N., N.N., N.N.

Viola: N.N., N.N., N.N., N.N., N.N., N.N., N.N., N.N., N.N., N.N., N.N., N.N.

Violoncello: N.N., N.N., N.N., N.N., N.N., N.N., N.N., N.N., N.N., N.N., N.N., N.N.

Kontrabass: N.N., N.N., N.N., N.N., N.N., N.N., N.N., N.N., N.N., N.N.

Flöte: N.N., N.N., N.N., N.N.

Oboe: N.N., N.N., N.N., N.N.

Klarinette: N.N., N.N., N.N., N.N.

Fagott: Klaus Thunemann, N.N., N.N., N.N.

Horn: N.N., N.N., N.N., N.N., N.N., N.N., N.N., N.N.

Trompete: N.N., N.N., N.N., N.N., N.N., N.N., N.N., N.N.

Posaune: N.N., N.N., N.N., N.N.

Tuba: N.N., N.N.

Pauken/Schlagzeug: N.N., N.N., N.N., N.N., N.N., N.N.

Harfe: N.N., N.N.

Orgel: N.N.

Abgelaufene Amarettini.
Ein Produktanhänger.

VICENZI D'ITALIA
DAL 1805

RICETTA CLASSICA
DELLA TRADIZIONE ITALIANA

AMARETTINI VECCHI V.S.O.P.

Gratuliere wir zum Kaufe von VICENZI AMARETTI, die bekannte italienische Mandelgebäckspezialitè von Verona und Umgebung. Mit VICENZI AMARETTI Sie habe erworbe eine reine naturproduzzione mitdie Zucker, Aprikosenkerne, Hühnereiweisse, Mehl von die Weiz und die Natriumhydrogencarbonara, die alle erlaubt zu tun in die Teig von die gute VICENZI AMARETTI in Bella Italia. Die unvergleichlische Geschmacke kommt, weil nur 6,5 grammi von die Fette in die trockene Masse, die nährwerte aber gegen die 411 kilokalorie tendiere. Geniesse Sie die VICENZI AMARETTI am beste bei die Zimmertemperatura und die geschnorrte Glas gute vino bei gute Freund - und esse nichi zu fruh. Beste Geschmack entwickele VICENZI AMARETTI bei die Lagerung von mehr als die zwei Jahre in verschlossene Umschlag. Aber kein Angst: Die gute VICENZI AMARETTI Sie haben gekauft sind sie vorgelagert seit gut 100 Jahre: Verdi noch bei bester Gesundheit, Garibaldi schon die bekannte revolutionäre und die schuftige Andreas Hofer schon seine gerechte Strafe verdient durch die ruhmreiche Buonaparte, als diese Amarettini gebackt. Probiere unvergleichlische Aroma und leichte Geschmack von die rancidò wie wir lieben in Bella Italia.
Guten Appetitto!

Vicenzi Biscotti S.p.A.
Sede e Stabilimento:
37057 San Giovanni Lupatoto
Via Forte Garofolo, 1 Verona ITALIA
PRODUCT OF ITALY
ausländische Erzeugnisse

Yoko Ono in der „Germania".
Ein Dramolett

Kanister: Hebbert, guck doch! Da hinne! Die do hockt... Is des net die... Des is doch die...

Herbert: Die da hinne? Die mit de Sonnebrill? Warum hatt die e Brill uff? Is doch gar net dunkel hier. Dass die e Sonnebrill...

Kanister: Hör doch uff mit dere Sonnebrill. Des is doch die wo mit dem Lennen zusamme war.

Herbert: Die Ono? Die Yoggo Ono?

Kanister: Genau, die Yoggo. Meine Fresse, is die alt geworrn.

Herbert: Mir werrn all net jünger, hehe. Was machtn die Yoggo hier in de Germania?

Kanister: Woher soll isch des wisse. Geh hin fraach se... Gell, des isse doch?

Herbert. Vielleischt isses. Wart, ich fraach. (Steht auf.)

Herbert setzt sich.

Kanister: Un? Isses?

Herbert: Se saacht, se weiß es net. Zumindest wär se sisch net sischer.

Kanister: Was? Die muss doch wisse, ob ses is.

Herbert: Naja. Des versteh isch schon. Guck doch, was die all hinner sisch hat: De Lennen und die Pilzköpp, de ganze Tratsch um des End von dere Grupp, dann die Plasticonobänd, davor als middem Käitsch unnem Tjudor rumgegammelt, de ganze Kram von de zweite Wiener Schul im Kopp, die Häppenings und Pörformänzes, de Dada und de Fluxus. Hör uff, de werste doch bleed im Hern.

Kanister: Eijo, wann mers so betracht. Un versucht die als noch die Popmusik mit ihrm schräge Avontgardkram zu verännern?

Herbert: Isch glaab schon. Klappt abber net. Abber was se mit dem Lennon zusamme veranstaltet hat, des war schon net schlecht. Des mit de ganze Bettaktione und dem Loch, wo mer durschgugge konnt...

Kanister: Net schlecht, echt net schlecht. Un heut... Hoggt se rum in de Germania.

Herbert: Eijo, lass se doch. Komm, mer trinke noch aaner.

Kanister: Guud Idee. ... Hebbert, jetz guck emol, do hinne. Der middem Halstuch. Des is doch de... Na, wie haaßt er dann... Gleisch komm isch druff...

Herbert: Wieso hatten der des Tuch um? Is doch gar net zugisch hier...

Vorhang.

Plado in de Kisch.
Ein Dramolett in einem Akt.

Mutter und Sohn in der Küche, beim Abendessen.

Mudder: Kevin, was isch disch immer schon emol fraache wollt...

Bubb: Ja, Mudder?

Mudder: Was machdn ihr eischendlisch in Relli?

Bubb: In Relli? Wieso willsdn des wisse?

Mudder: Halt nur so.

Bubb: In Relli... mache mer Philosophie.

Mudder: Ach so. Un was?

Bubb. Plado. Des Höhlegleischnis.

Mudder: Ach jo. Es Höhlegleischnis vom Plado. Un – wie isses so?

Bubb: Was?

Mudder: Ei des Höhlegleischnis. An des hätt isch heut aach nimmer gedacht.

Bubb: Naja, was soll isch saache. Is schon interessant. Des mit dem Weesch zur Erkenntnis, maan isch.

Mudder: Eijo, sischerlisch. Ganz einfach is des ja net. Awwer die Bilder, die de Plado da gefunne hat – die gefesselte Leid, die nix sehe, dann die ganze Schadde, die wo an de Wand entlang husche... Die maane doch, des währ die Werklischkeid. Bis aaner aus dere Höhle flieht und die wahre Natur der Dinge entdeckt...

Bubb: Ei Mudder. So was weißt du?

Mudder: Hammer in die Schul aach gemacht. Abber net in Relli, sonnern in Griechisch.

Bubb: Da geheerts ja wohl aach hin. Kannste eischentlisch noch Griechisch?

Mudder: Ich waaß net, e bissche vielleischd. Mit dere Zeit verleeft sich des ja alles. Εννέπέ μοι μούσά...

Bubb: Stark; Mudder. Ilias?

Mudder: Homer is rischdisch. Is abber Odyssee.

Bubb: Un wenn schon.

Mudder: Du kennst disch ruhisch emol e bissche mehr fer die klassische Bildung interessiere. So e paar grundgeleerde Zidade ziere de ganze Mensche.

Bubb: Göhde?

Mudder: Heine, da hammers widder. Was lernt ihr dann eischentlisch iwwerhaupt noch in die Schul?

Bubb: Plado. Un des Höhlegleischnis.

Mudder: Ach, geh fodd. Frieer, wie isch...

Bubb: Hör uff, Mudder. Isch kanns net mehr höre. Immer des frieer, frieer. Mer lewe heit - da muss mer doch mit de Zeit gehe.

Mudder: Ei jo, hast ja reschd. (Pause) Was machdn ihr eischendlisch naachem Plado? Geht's wieder mit Aristoteles - odder hibbt er gleisch ins Middelalder un die Scholastik?

Bubb: Waas net. Da hat der Neuner nix gesaacht.

Mudder: Un vor Plado - habbt er die Vorsogradigger dursch?

Bubb: Naa, die hammer weggelasse.

Mudder (ungläubig): Der lässt die Vorsokradigger einfach weg - kein Hesiod? Kein Pythagoras, Zenon, Anaxagoras? Abber Demokrit habbt doch sischerlisch.

Bubb: Hammer net. Wie isch den kenn, lässt der alles annere weg un fängt bei Nietzsche widder neu an...

Mudder: Bei Nietzsche! Ja spinnt der dann? Des gibbts doch net. Isch glaab, isch geh emol in die Schul...

Vater betritt den Raum.

Vadder: Naamt, allerseits. Zaggert ihr widder mit de Schul rum? Ärscher?

Mudder: Net direkt. Abber die hibbe von Plado direkt zu Nietzsche.

Vadder: Waas? Des glaab isch doch net! Europäische Geistesgeschischde ohne Kant? Ohne de deutsche Idealismus? Isch werd net mehr... (greift nach einem Bier) Ihr lernt doch heut gaa nix mehr in de Schul.

(Die Bühne wird langsam dunkel. Tiefe Stille. Dann das resignierte Ploppen einer Bierflasche.)

Geile Omas.
Eine Empörung.

Ich habe damit aufgehört, das kostenlose Anzeigenblatt meines Vertrauens zu lesen, dem ich vor Jahren noch das Vergnügen hatte im Redaktionsstab beizustehen, um manierliche Berichte zum Kulturgeschehen in unserer Region beizusteuern. Ich verwende es nur noch dazu, Salatblätter zu entsorgen. Und ich will Euch erzählen, warum.

Das bis vor kurzem noch kostenlos und ungefragt in meinem Briefkasten deponierte ehemalige Anzeigenblatt meines Vertrauens bringt keine Kulturberichterstattung mehr. Auf meine freundliche Nachfrage, ob die Redaktion denn nicht hin & wieder ein wenig Platz einräumen könnte, um über Lesungen, Ausstellungen, Chöre, Sinfoniekonzerte oder Kammermusikvereine zu berichten, wurde mir mitgeteilt, dass sich der zuständige Redakteur außer Stande sehe dies zu tun, weil er von ganz wenig Kultur nur eine Ahnung habe und der Platz im Blättchen ohnehin begrenzt sei. Der zuständige Redakteur wolle allenfalls über Bluesmusik schreiben, und Bluesmusik sei ohnehin ein Thema, das in regionalen Anzeigeblättern absolut unterrepräsentiert sei, und dass der zuständige Redakteur, wenn er denn über Bluesmusik berichtete, der Nischenkultur schon ihren Platz einräumte. Man brauche den übrigen Platz im Blättchen allerdings für Berichte, die die

Leser interessierten, und mit der anderen, von mir vermissten, Kultur sei er sich da nicht so sicher. Der zuständige Redakteur schreibe eben nur Konzertkritiken über mehr oder minder bekannte und begabte Bluesmusiker, wenn sie denn in die Region kommen, und meint, das interessiere die Menschen draußen, aber in Wirklichkeit, das ist meine Meinung, schreibt er sie nur für sich. Denn „Kritiken" zu sagen ist dabei ein wenig hoch gegriffen, denn, wie wir alle wissen, gibt es im Bereich des Jazz und des Blues keine kritische Berichterstattung. Aber gut.

Dass es keine Kulturberichterstattung mehr gibt, wurde im Übrigen auch von den Mitgliedern des Chores bemerkt, dem ich das Vergnügen habe, seit seiner Gründung vor zehn Jahren anzugehören. Die Not, zwar schöne Konzerte in der Region zu veranstalten, aber die Früchte in Form einer freundlichen Berichterstattung hernach nicht einsammeln zu können, weil es gar keine gibt, hat einige Chormitglieder zu kreativen Überlegungen gebracht. So wurde kürzlich der Vorschlag unterbreitet, beim nächsten Konzert als Nagetiere verkleidet die Bühne zu betreten, in Fellkostümen aus ausgeknöpftem Mantelinnenfutter, die vom letzten Krippenspiel übriggeblieben, wo man den dritten Hirten mimte, meist eine stumme Rolle, wie alle die wissen, die schon einmal das Vergnügen hatten, beim Krippenspiel mitwirken zu dürfen, darüber hinaus mit Hasenohren geschmückt, also dergestalt das Konzertpodium zu betreten – um sich hernach in der Zeitung – wenn schon nicht im nicht vorhandenen

Feuilleton, so doch wenigstens in der vermischten Spalte – wiederzufinden, denn jeder Geflügel- oder Nagetierzuchtverein der Region darf noch immer mit schöner Bildberichterstattung und launigen Griffen ins Schatzkästlein der schiefen Bilder und abenteuerlichen Metaphern rechnen, wenn er seine Deutschen Riesen oder Polnischen Zwergkarnickel, als Streichelzoo getarnt, auf dem Langener Wochenmarkt seiner minderjährigen Klientel zum Betasten entgegenstreckt. Wenn ihr mir nicht glaubt, lest diese Berichte, und ihr werdet lesen: „In der Kategorie ‚Rammler' hat Dieter K. aus Rödermark in diesem Jahr die goldene Plakette abgestaubt." Wenn ihr mir hingegen glaubt, dann kennt ihr diese Berichte, dann braucht ihr sie nicht mehr zu lesen und ich kann endlich zum Eigentlichen kommen. Denn eigentlich, verrate ich euch, braucht das ehemalige Anzeigenblatt meines Vertrauens den Platz, den es der schönen Kammermusik vorenthält, für etwas ganz anderes.

Für Kontaktanzeigen nämlich. Aber nicht irgendwelche, nein. Kontaktanzeigen von Seniorinnen, die munter ihre für eine gewisse Klientel sicher noch immer gegebene Attraktivität per Annonce offerieren, Seniorinnen, die dabei auf Sexualpraktiken anspielen, die sie offensichtlich aller sonstigen körperlichen Gebrechen zum Trotze noch immer aufs Perfekteste beherrschen (wie sie etwa der verehrte Arno Schmidt im Hinterkopf haben musste, wenn er seinen Helden Düsterhenn im „Caliban" vom „cuntjen Mund" einer Dame träumen ließ), Seniorinnen, die mit ihrer Körbchengröße prahlen, Seniorinnen, die schamlos ihre Handynummer der Öffentlichkeit der Blättchenleser preisgeben und sich – wenigstens in den grafisch aufwendiger gestalteten Annoncen – sogar noch in schamlosester Pose persönlich unbekleidet ablichten lassen, um ihre eben bereits angesprochene entsprechend sexuell disponierte Klientel nicht nur via Text, sondern auch per Foto anzusprechen und zu reizen.

Mich machen solche Dinge betroffen. Nicht aus den Gründen, die ihr jetzt vermutet. Nein. Ich habe nichts gegen diese jungen Alten, wie sie jetzt heute genannt werden und wie sie uns (bekleidet) ja auch aus der Apotheken-Umschau oder in Form meiner freundlichen Benzinfachverkäuferin entgegen lächeln. Nein, ich denke vielmehr: Wenn die Bundesregierung rechtzeitig sichergestellt hätte, dass diese Seniorinnen ausreichend Rente bekämen, um nicht auf das lukrative Zubrot angewiesen zu sein, für das sie in diesen Kleinanzeigen im Blättchen werben müssen, sähe es in Bezug auf die lokale kulturelle Berichterstattung besser aus. Solange das Blättchen aber mit Rücksicht auf seine Leserschaft seine Spalten diesen Seniorinnen zur Verfügung stellt, die ein Mensch wie ich eher wohl parfümiert in Kammermusikveranstaltungen denn gleitgelbewehrt auf Latexsteppdecken vermutet, solange sehe ich schwarz für jede Form fairer lokaler Kulturberichterstattung. Das Blättchen macht diese Entwicklung mit; und also nehme ich es nur noch zum Salatputzen.

Immer
hat meine Frau so ein Pech im Konzertsaal.

Immer hat meine Frau so ein Pech im Konzertsaal. Dabei spielt es merkwürdigerweise gar keine Rolle, ob sie Liederabende, Kammer- oder Orchesterkonzerte oder gar Veranstaltungen mit sogenannter Neuer Musik besucht. Immer ereilt sie das Pech, neben unglaublichen Menschen zu sitzen, die meiner Frau allein durch die Begleitumstände ihrer körperlichen Präsenz den schönen Kunstgenuss vergällen. Ich will im Schatzkästlein meiner Erinnerungen kramen, um Euch das Ganze ein wenig zu illustrieren. Vor allem, wenn Ihr zu denjenigen kritischen oder gar sozial veranlagten Gemütern zählt, die an meinen Worten zweifeln und sagen *„Hach, das wird wohl nicht so schlimm sein, sie soll sich nicht so haben. Immerhin ist so ein Konzert ein Gemeinschaftserlebnis, und da muss man es schon in Kauf nehmen, dass sich noch andere Menschen, die ebenfalls ein Recht auf den Konzertbesuch und Kunstgenuss haben, dazugesellen, die teure Eintrittskarte von der kargen Arbeitslosenhilfe abgespart, um der alles verbindenden und erhöhenden Kraft der Musik zu lauschen etc.,* Ende des Vorherigen. Wenn Ihr also zu denen zählt, dann hört jetzt besonders gut hin.

Ein Liederabend, Alte Oper, Frankfurt. Der stattliche, stimmgewaltige Bariton singt wunderbar, berichtet von Blumen, Rosen, gar duftenden Reseden, wählt luftige Blumenbilder für das nimmer vergängliche Geheimnis der Liebe, umhüllt den Eros mit dem Mäntelchen der floristischen Metapher. Wie schön, werdet Ihr sagen, was sollte diese Stimmung wohl trüben? Ich will es Euch sagen: Die Person, die sich zur Linken meiner Frau niedergelassen hat, dem Vortrag mit Inbrunst zu lauschen, stellt olfaktorisch ein nicht zu überriechendes Problem dar. Selbst ich, der ich mit der Nachbarin zu meiner Rechten, einer älteren, wohlriechenden Dame, recht zufrieden sein darf, kann nicht umhin, als Notiz davon zu nehmen. Und wie grässlich dieser Umstand gerade für meine Frau sein muss, die, der Person quasi ohne dämmende Nachbarschaft, wie meine Frau sie glücklicherweise für mich darstellt, ausgesetzt ist, kann nur der ermessen, der für die ästhetischen Diskrepanzen einer solch belastenden Situation empfänglich ist: Die Ohren und Augen genießen Richard Strauss, die frische Blumenwiese, die erotische Tändelei, und die Nase kämpft derweil ums bloße Überleben. Tränen schießen meiner Frau ins Auge, und mein freundliches Anerbieten, den Stuhl zur Pause mit ihr zu tauschen, beantwortet sie nur mit einem feinen Achselzucken, das bedeuten will: *„Lass nur, Lieber, Du musst die Kritik schreiben, nichts Fremdes soll Dir im Zorn hernach die Feder führen; Du hast mir eine kostenlose Karte besorgt und bist in meiner Nähe – was also kann es Schöneres geben? Das Gestinke geht vorbei, die Kunst aber ist, gleich der Liebe, ewig."*

Dass, merkwürdiger Umstand der Koinzidenzen und Inkontinenzen, die Person neben meiner Frau ein Mann in Damenkleidung, drapiert in einen engen Rock mit großflächig angelegtem Blumenmuster ist, nimmt an dieser Stelle sicher nicht mehr Wunder: Sinnbild fürs Strausssche Männer-Weiber-Tändeln, Sinnbild für die Blumen, die der stattliche Bariton nicht müde wird in ihrer Vielzahl aufzuzählen, konterkariert die Person die musikalische Darbietung aufs Erstaunlichste. Festhalten, vertiefen müsste man das, denkt der Teil meiner Sinne, der der Musik schon längst die Aufmerksamkeit gekündigt hat, um davon zu berichten, was ich eben auch getan habe. Ende des Vorherigen.

Denn könnte ich wohl guten *Gewissens „Immer hat meine Frau so ein Pech im Konzertsaal"* über einen Text schreiben, wenn es das einzige Mal gewesen wäre, da meiner Frau Konzentrationsfähigkeit und Wohlbefinden auf solch skurrile Art & Weise irritiert worden wäre? *„Nein, da muss er schon mit mehr kommen, da wollen wir jetzt noch von anderen schön peinlichen Geschichten hören, erzähle er gleich mehr davon ",* höre ich die Schlaumeier unter Euch mir zurufen, und wie Recht habt ihr.

Ein Klavierabend, gleiche Lokalität. Bei Schönberg, Beethoven und Stockhausen, waren meine Frau und ich uns sicher, würde nur ein ausgewählt interessiertes und gesittetes Publikum erscheinen, ordentlich gekleidete Menschen, wohl parfümiert, dezent im Gebrauch von Hustenbonbons, maßvoll im Besuch schlecht belüfteter Kebabbuden, verantwortungsbewusst im Konsum des lebensverlängernden Knoblauchs. Was wir – respektive meine Frau, der ich die freie Platzwahl ließ – nicht bedachten, war der Bewegungsdrang, den Hammerklaviersonaten und poststrukturalistische Klavierübungen bei manchen Menschen auslösen können. Schüttelt der eine sich im Technofieber, so versucht der andere, seiner innerlichen Begeisterung angesichts immens schwerer Klavierakrobatik gleichfalls durch äußerlichen Bewegungsdrang Herr zu werden.

Der langen, traurigen Rede kurzer Sinn: Die Dame, die zur Rechten meiner Frau dem Konzert lauschte, begann bei Beethoven sachte mit dem Oberkörper zu rudern. Wir maßen dem zunächst weiter keine Bedeutung bei; die vorgegebenen Rhythmen sind, zumal im langsamen Satz, zwar außerordentlich komplizierter Natur, doch kann ein halbwegs trainierter Körper, der sich einem verschleierten 6/8-Takt hinterher bewegt, beim unbedarften Zuschauer durchaus den Eindruck erwecken, der Besitzer des Körpers habe so etwas wie rhythmisches Gefühl, denn von Takt sollte in diesem Zusammenhang nicht die Rede sein.

Wie weit gefehlt! Mit Schönberg und Stockhausen löste sich bloß das nachvollziehbare Metrum auf; allein der Körper der Nachbarin meiner Frau verfiel in konvulsivische Zuckungen. Die Konzertbesucherin geriet in eine Form der Ekstase, die dem Mystiker des ausgehenden 13. Jahrhunderts, dem tanzenden

Derwisch aus Bagdad oder der minderjährigen Besucherin eines *Pet Shop Boys*-Konzerts erstrebenswerte Zustände dünken mögen, im mitteleuropäisch-kultivierten zeitgenössischen ernsten Kulturbetrieb allerdings, milde gesprochen, unangenehm auffallen. Psychologisch verständlich, persönlich peinlich, lautete unser so kurzes wie treffendes Urteil. Die Frau schwankte, als ritte sie auf einem von der Diarrhöe geplagten Dromedar durch ein schottisches Hochmoor, ächzte und stöhnte wie der, wie sich später herausstellen sollte, gar nicht so wohl in den Armen seines Vaters geborgene Sohn, den sich der Erlkönig holt, und sprang mit einem markerschütternden *Bravo!* vom Stuhl hoch, kaum da der letzte Akkord verklungen.

Dass meine Frau wünschte, Erlkönigs Töchter hätten jenes Zappelweib anstatt des armen Sohnes geholt, war ihrer zarten Miene, die sich im Laufe der Darbietung leicht ins Rosenrötliche verfärbte, auch von Außenstehenden unschwer abzulesen. Schon zwischendurch, das war mir, der ich das liebe Antlitz nun gut zu kennen glaube und jede, sei sie noch so kleine, Regung sofort ins Gemeinte zu übersetzen in der Lage bin, schon zwischendurch also war mir nicht entgangen, dass sie innerlich den Namen des HERRN mehrfach unnütz führte und noch allerlei andere Dinge im Herzen bewegte, die sich nur schwer mit Dr. Luthers guten Katechismen in Einklang bringen lassen. Verständlich, allzu verständlich schien mir das, und auch ihr werdet sie nicht verurteilen können und jetzt ausrufen „*Verwerfliche! So schlimm kann das doch gar nicht sein!*", denn ihr seid ja nicht dabei gewesen. Ende des Vorherigen.

Ein Beispiel noch, und dann mag es auch genügen. Andere Konzerträume schützen nämlich nicht vor diesem Unbill, denn auch sonst könnte ich nicht frech behaupten, dass meine Frau *immer* Pech im Konzertsaal habe. Ich will vom Übergriffigen berichten, der meiner Frau anlässlich des Rheingau Musik Festivals zur Rechten saß, da wir uns anschickten, das Streichsextett unseres favorisierten und in der Mainmetropole bei einem großen öffentlich-rechtlichen Sender beheimateten Sinfonieorchesters in geziemender Erwartung hörend zu begleiten. Der Übergriffige erklärte seinem Nachbarn lautstark die Besonderheiten der drei Streichinstrumente, da sie in der genretypischen Verdoppelung schon von den Musikerinnen hereingetragen und zum gemeinsamen Beginn aufs Schönste tonlich präpariert wurden; er pries noch die Höhe der agilen Violine, die Wichtigkeit der so gerne von den Ahnungslosen unterschätzten Viola und den sonoren Wohlklang des Violoncellos, als der Raum schon zur Ruhe gefunden hatte und das Licht verdunkelt worden war. Auf das tadelnde vornehme Räuspern der unmittelbar betroffenen Nachbarschaft hin verzog er sich zunächst schmollend in die von meiner Frau am weitesten entfernten Stuhlecke, wo er während Bachs *„Musikalischem Opfer"* auch schweigend verharrte, um sich dann, mit steigender Programmintensität immer weiter aufblähend und Raum für sich beanspruchend, im Verlauf von Arnold Schönbergs *„Verklärter Nacht"* gewissermaßen auf dem Schoß meiner Frau niederzulassen. Dezente Abwehrmanöver ihrerseits nahm er entweder nicht oder nur unwillig zur Kenntnis, um sich kurzfristig beleidigt zurückzuziehen. Doch tat es der Scheußliche nur, um sich ihr bei nächster Gelegenheit – peinlicherweise da, wo sich in der Tonmalerei der Mann und das Weib aus Richard Dehmels unendlich dramatischem Gedicht, die gemessenen Schrittes durch die Nacht schreiten und in dichterisch angemessener Form über ihren Fehltritt und die sich im Gefolge eingestellt habende unerwünschte Schwangerschaft parlieren – wieder auf obszönste Weise entgegen zu bewegen. Dass meine Frau züchtig Abstand davon nahm, sich in eine körperliche Schieflage begab und an mich schmiegte, um dem Übergriffigen zu entgehen, was den Schlimmen in seiner Annäherungswut aber nur noch mehr herauszufordern schien, das war nur die eine Seite der Wahrheit. Denn ich musste mich nun, um dem akustischen Kunstgenuss auch weiterhin das visuelle Bild der gar zierlichen Musikerinnen hinzufügen zu können, meinerseits auf Tuchfühlung mit dem Nachbarn zur Linken begeben, der sich seinerseits in die Schieflage begab und seine freundliche Begleiterin in Richtung ihres linken Nebenmannes abdrängte. Das Spiel setzte sich fort, bis die ganze Reihe letztendlich in einer Art und Weise im Parkett saß, als sei der Blitz in eine alte Produktion der beliebten Sendereihe „Zum Blauen Bock" eingeschlagen – justament zu dem Zeitpunkt, da sich die fröhliche Runde der Apfelweinseligen auf dem Höhepunkt der

Ausgelassenheit im Schunkeltakt zum Auftritt des „Medium-Terzetts" nach links bewegte – und habe sie alle hinter ihren fein gerippten Gläsern zu Salzsäulen erstarrten lassen, wovon Frau Lot ein trauriges Lied singen könnte. Doch büßte im Alten Testament allein sie, die sie den Blick von Sodom und Gomhorra nicht abwenden konnte, so büßte hier die ganze Reihe acht, weil ein Einzelner von meiner Frau nicht Abstand nehmen wollte. Ende des Vorherigen.

Immer hat meine Frau so ein Pech im Konzertsaal. Dabei spielt es wirklich keine Rolle, ob sie Lieder-abende, Kammer- oder Orchesterkonzerte oder gar Veranstaltungen mit sogenannter Neuer Musik besucht. Alle genannten Beispiele, die auf so anschauliche Weise von ihren Beeinträchtigungen durch den Geruch, die Bewegung oder die uner-wünschte Nähe des Mitmenschen im Konzertsaal handeln, sprechen für sich. Und doch sie sind nur die Spitze des Eisberges, von dem ich hier allerdings nicht mehr reden will. Denn wie viele exemplarische Begegnungen mehr könnte ich nennen. Meine Frau sitzt nicht ja nur neben Stinkern, Zapplern und Anschmiegsamen, sie sitzt auch neben bedauernswer-ten Geschöpfen, denen das Attribut *ahnungslos* anzuheften noch eine Untertreibung darstellte, neben Hustern und Mitbrummern, neben Küssenden und andres Allotria Treibenden, neben Früh- oder Falschklatschern, neben den Übertriebene-Zugaben-Forderern oder neben Kritikern. Denn man sollte nicht glauben, wer alles sich in den Konzertsälen des bürgerlichen Kulturbetriebs tummelt. Arme Menschen mit bösen Bronchialkatharren, die über ihr Abhusten vornehmlich in späten Beethoven-Quartetten persönliche Akzente setzen möchten, Menschen, die ihnen aus Funk und Fernsehen bekannt vorkommende Musikpassagen gerne durch das Summen eigener Melodielinien aufwerten, Menschen, die sich freuen, dass der blinde Sänger Andrea Bocelli, dessen Namen sie gerne mit dem eines Renaissancemalers verwechseln, alles auswendig singt, Menschen, die das Ende eines Musikstücks nach der Lautstärke des Schlussakkords, und sei es der des ersten Satzes, klatschsicher allen anderen verkünden, Menschen, die ihrer Begeisterung nach einer Mahler-Sinfonie so lange beifallspendend Ausdruck verleihen, bis das Orchester tatsächlich noch den *„Hummelflug"* gespielt und damit alles Vorherige auf die bitterste Weise wieder zunichte gemacht hat, Menschen, die sich als Kritiker ausgeben, die Musik mitschreiben wie ein Jurastudent im vierten Semester seine Vorlesung, um dann wegen eines Schreibkrampfes nicht klatschen zu können – Armaden von Bedauernswerten, von Armseligen, von im Geiste Kleinen bevölkern die Musiksäle des bürgerlichen Musikbetriebs, sage ich. Das wäre nicht so schlimm, das sage ich auch, setzten sie sich nicht immer ausgerechnet neben meine Frau.

Vor kurzem, und ich wage es kaum zu schreiben, war ich nicht mit meiner Frau, die ihrerseits musikalisch verhindert war, sondern mit einer Bekannten im Konzertsaal, was allgemeine Ahs und Ohs der mir dort nun wieder so bekannten wie regelmäßig auftauchenden und zumeist im Foyer herumlungernden und auf mich lauernden Zeitgenossen einbrachte. Neben meiner Bekannten saßen, sie ahnen es längst, liebliche, duftende, wohlinformierte, nicht verschnupfte, höfliche, dezente und wohl gekleidete Musikfreundinnen und -freunde (ich spreche natürlich nicht von meiner, sondern von der anderen Seite meiner Bekannten), in deren Nachbarschaft einem wunderbaren Abend (abgesehen vom musikalischen Vortrag auf der Bühne) nichts im Wege stehen konnte – und mit denen es sich's aufs Vortrefflichste während der faderen Passagen der dargebotenen Werke im Klammheimlichen kommunizieren ließ. *„Wie schön"*, jauchzte meine Bekannte denn auch, *„solch schöne Musik in solch vornehmer und freundlicher Umgebung – was müsst ihr es gut haben."* Und mit „ihr" meinte sie freilich nicht mich allein, sondern meine Frau und mich, denn sie wusste, dass wir beide oft gemeinsam in den Genuss schöner Konzerte kommen. Worauf ich, verständlicherweise, entgegen aller sonstigen Höflichkeitsgepflogenheiten, nicht viel zu antworten vermochte.

Manchmal träume ich von einem Konzertssal: Musik auf der Bühne, wunderbare Musik, und ich sehe einen Menschen sitzen, ganz entspannt, die Hände gefaltet, den Kopf leicht vornübergeneigt, einen seligen und entspannten Gesichtsausdruck im lieblichen Antlitz, umringt von anderen, gleichermaßen konzentrierten und nach innen schauenden

Menschen; niemand hustet, niemand gibt unvornehmen Anlass, dass wer sich über sie oder ihn echauffieren könnte, alle sind eine große, ergriffene Gemeinde. Es ist ein vollkommenes Bild, und wie ich im Traum näher zur lieblichen Person trete, erkenne ich sie endlich. Es ist meine Frau, und sie schläft.

Wie ich einmal die Fahrtkosten erstattet bekam.

Was meine damalige Freundin beruflich machte, wusste ich nicht. Immer nur ausweichende Antworten und Andeutungen. Sie hatte viel Geld zur Verfügung; ich dagegen hielt mich mit Semesterjobs notdürftig über Wasser. Der Zustand der Unwissenheit wurde für mich immer quälender. Eines Abends fragte ich sie wieder. Diesmal wollte ich eine Antwort.

„Ich bin... in der Filmproduktion.“
„Oh toll. Und was für Filme?“
„...“
„?“
„...Porno.“

Es war heraus und ich mochte es nicht glauben. *„Du drehst... Pornos?“*
«Nicht wie du denkst. Ich drehe nicht. Ich bin... hinter der Kamera. Produktionsassistenz.“

Ich atmete tief durch.

* * *

Zum Set durfte ich nicht mitgehen. Das war nicht erwünscht. Aber sie erzählte mir von nun an von ihrer Arbeit. Eines Tages fragte sie mich:

„Hättest du Lust... mal zu drehen?“
„Wer? Ich?“

„Ja, warum nicht. Die suchen... neue Gesichter. Und die zahlen erstklassig. Magst du's dir mal ansehen?"

Es kitzelte mich schon ein bisschen. Das klang nach Abenteuer.

„Gut", sagte ich. „Meinetwegen."

* * *

Die Produktionsfirma war in einem Hinterhof. Ein kleines, unauffälliges Bürogebäude aus Backstein. Eine Handvoll Angestellte. Alle ganz freundlich. K.s Chef auch.

„Da sind sie ja. Sie sind uns... empfohlen worden. Ich denke, Sie sind im Bild, um was es geht." Er blickte zu K., die an der Tür stand. Sie ging aus dem Zimmer.

Es folgte ein kurzer Abriss der Firmengeschichte („international im Geschäft, schon zwölf Produktionen, Qualität, nichts von der Stange").

Ich hörte mit roten Ohren zu.

„Also, was ist? Sie kommen zum Probeset?" Er schob mir ein paar Blätter über den Tisch.

„Steht alles drin. Ausfüllen und mitbringen."

* * *

Auf der Straße fühlte ich mich erleichtert. Niemand hatte mich gefragt: *„Können Sie das überhaupt?"* Niemand hatte gesagt: *„Ziehen Sie sich doch bitte einmal aus."* Alles war ganz einfach. Als ich auf den Bus wartete, pfiff ich vor mich hin.

* * *

Ich duschte wie noch nie in meinem Leben.

* * *

Sie hatten ein Jugendstilhaus in einem Vorort angemietet. Es war Samstagfrüh und ich war zeitig bestellt. K. klingelte gerade, als hinter uns eine Frau auftauchte. Lange, rote Haare rahmten ein schönes Gesicht. Die beiden Frauen begrüßten sich. Die Rothaarige nickte mir zu. Ich malte mir aus, dass sie vielleicht auch ihren ersten Tag haben und mit mir zu den Probeaufnahmen bestellt sein könnte. Ich schwitzte etwas.

„Es geht gleich los", sagte K. zu mir. *„Da hinten kannst Du dich frisch machen."*
„Aber ich habe doch..."
„Macht nichts. Sei so gut. Das ist hier so üblich."

Ich zog mich aus. In meinen Instruktionen hatte gestanden: Keine Hose mit Gürtel, keine engen Unterhosen, keine engen Socken. Ich hatte mich peinlich genau daran gehalten. Das Gesundheitszeugnis hatte K. schon vor ein paar Tagen mit in die Firma genommen. Ich schlüpfte nach dem Duschen in einen weißen Frotteebademantel. Es konnte losgehen.

Ich fühlte mich gut.

* * *

„Ich denke, ich mache eine Probeaufnahme?"
„Probeaufnahmen gibt's nicht", sagte K. *„Zu teuer. Bringt eh nichts. Entweder man kann's – oder man kann's eben nicht. Wird schon. Denk an mich."*

Sie lächelte mich an.

* * *

Ich machte falsch, was ich falsch machen konnte. Mich irritierten der Raum, das schwarze Ledersofa, die Scheinwerferbatterien, die blödsinnige Musik vom CD-Spieler, die beiden Kameraleute, überhaupt das Gewusel im Wohnzimmer dieser Jugendstilvilla. Am meisten aber irritierten mich die beiden Frauen auf dem Sofa. Sie wurden zuerst alleine gedreht; ich sollte später *„dazustoßen"*, wie der Regisseur es nannte.

Er war ein kleiner, hektischer Kerl. Hatte in Frankfurt Theater-, Film- und Fernsehwissenschaft studiert. *„Sieht man mal, was aus einem wird."* Er erklärte mir kurz die Szene. Gleich würden eine der beiden Frauen nach dem Telefon neben dem Bett langen, eine Nummer wählen und zu ihrer Partnerin sagen: *„Warte, ich weiß noch etwas Besseres"*. Schnitt. In der nächsten Szene liege ich dann mit den beiden auf dem Sofa. *„So schnell geht's hier."* Der Regisseur lachte.

„Machen Sie sich keine Gedanken. Sie sind hier als Körperdouble. Ihr Gesicht sieht außer uns kein Mensch. Da schneiden wir dann zusammen. Na, dann wollen wir mal."

Aber ich machte falsch, was ich nur falsch machen konnte.

* * *

„Dir muss man aber auch alles sagen".

Der Regisseur duzte mich auf einmal. Er winkte mit einer Hand die Dreherei ab und kam zum Sofa. Er war vorgeblich freundlich. Ich merkte aber, dass ich ihn nervte.

„Hast Du noch nie mit zwei..."

Er sah mich an und gab die Antwort selbst.
„Nein, Du hast noch nicht."

Er blickte zu K. hinüber, die mit verschränkten Armen an der Tür stand und irgendeinen Klemmblock festhielt. Sie blickte auf den Boden.

„Komm, das hat jetzt keinen Sinn. Geh' nach nebenan." Die beiden Frauen standen auf, schlüpften in dünne Bademäntel und zündeten sich Zigaretten an. Sie blickten mich etwas unfreundlich an. Ich stand auf und griff nach meinem Bademantel.

„Den brauchst Du nicht", sagte der Regisseur. Ich zog ihn trotzdem über.

* *

Im Nebenzimmer wartete die Rothaarige.

„Klappt es nicht?" Sie lächelte. *„Na komm."*

Sie kniete sich vor mich auf den Boden und schlug den Bademantel auseinander.

„Achja."

Mir war die Situation ein wenig peinlich.

* *

Eine Minute später war meine Karriere am Probeset beendet. Die Rothaarige hatte noch *„Nein, nicht!"* gerufen, aber das war es schon zu spät. Der Regisseur kam hereingestürzt.

„Das gibt es nicht, das gibt es nicht", heulte er. Und dann noch, zurück in das Zimmer mit dem Sofa: *„Eine Stunde Pause."*

Die Rothaarige fingerte nach einem Taschentuch und wischte sich das Gesicht ab.

„Du bist echt blöd", zischte sie.

* *

„Sie haben Talent, doch doch. Nehmen Sie das jetzt nicht so tragisch. Es ist immer eine aufregende Situation."

K.s Chef hatte die Füße auf dem Schreibtisch liegen. Wie im Kino.

„Entweder man kann's – oder man kann's eben nicht. Denken Sie nicht so lange drüber nach, das bringt nichts.

Er schob mir wieder einige Papiere über den Tisch.

„Ich habe da noch etwas anderes für Sie – natürlich nur, wenn Sie wollen. Steht alles drin. Einfach ausfüllen und mitbringen."

* *

„Die Stimme ist okay, aber der Ausdruck. Seien Sie doch mal ein bisschen locker. Das ist doch alles aus dem off. Sie müssen denen doch gar nicht auf die Lippen gucken."

Der Mann in der Technik wurde langsam nervös. Ich saß mit Kopfhörern vor einem großen Bildschirm. Auf dem Kopfhörer hatte ich englischen Ton. Ich musste nur den deutschen Text von dem Script vor mir ablesen. Ich vermasselte auch das. Ich konnte nicht locker sein und kam mir bei jedem Wort, jedem Satz absolut blöd vor. Ich war froh, nach zwei Stunden gehen zu können.

* *

Meinen Synchronfilm habe ich gesehen, K. hatte ihn einmal mitgebracht. Ich bin fast gestorben, so peinlich berührt war ich. K. fand es ganz in Ordnung. *„Da hört doch eh keiner hin."*
Den anderen Film, in dem ich das Körperdouble war, habe ich nie gesehen.

K. meinte, sie hätten die Takes mit mir ohnehin nicht verwenden können. Ich sollte froh sein, dass sie mir die zwei Stunden bezahlt haben. Und die Fahrtkosten.

„Und beim der einzigen Einstellung, die gut war, ist die Kamera ja leider nicht mitgelaufen."
K. ist kurze Zeit später zu ihrem Chef gezogen.

* *

Der Einzige, dem ich die Geschichte bis heute jemals erzählt habe, ist mein alter Musikprofessor. Wir waren zu einem Blockseminar aufs Land gefahren und hatten abends, am Ende der Veranstaltungen, beide viel getrunken. Der Alkohol hatte mich mutig gemacht.

R. hörte sich alles an und lachte bisweilen. Er unterbrach mich nicht.

„Sagen Sie", meinte er eine Weile, nachdem ich geendet hatte, *„dieser Film, den Sie da synchronisiert haben. War das..."* R. nannte den Titel des Streifens. Aus seinem Mund hörte sich der Satz sehr unanständig an.

„Sie kennen...". Ich wusste nicht, was ich sagen sollte.

„Haben Sie...ihn gesehen?"

„*Allerdings habe ich das.*" R. steckte sich eine Marlboro an.

„*Und haben Sie... meine Stimme erkannt?*"

Mein Professor antwortete nicht gleich.

„*Wissen Sie was? Sie hätten das mit dem Körperdouble weiterverfolgen sollen. Ist viel ungefährlicher.*"

Er blinzelte mir zu.

Gedichte, die wir uns schenken können (III)
Für Peter Tschaikowsky.

Frau Meck hat ziemliche feuchte Finger
und läuft ganz aufgeregt durchs Zimmer.
Denn Pjotr Iljitsch wartet schon
seit einer Stunde im Salon.

Sie wühlt im Schrank und der Kommode
und suchtnach passender Garderobe.
Nie weiß sie, welche Anziehsachen
dem Pjotr Iljitsch Freude machen.

Nach ein, zwei Stündchen hat sie dann
endlich doch was Schickes an.
Sie eilt herunter, doch Herr Meck
und Pjotr Iljitsch sind schon weg.

Drei Freunde (I).
Die Pressenotiz zu „Gerken, Tätzsch und
Neuner" im Götzenhainer Maislabyrinth...

Am Samstag, 8. August, 20.30 Uhr stellen sich
Gerken, Tätzsch & Neuner auf die Bühne im
Götzenhainer Maisfeld und versuchen, unter dem
Titel „Schon wieder liederlich" Chansons und Lieder
zwischen Carl-Michael Bellmann und Georges
Brassens zu singen und in Beziehung zu Texten
zwischen Charms und Gernhardt, Villon und Neuner
zu setzen.

Das Trio, das sich nach eigenem Bekunden mit
„angewandter Hausmusik" beschäftigt und eine große
musikalische Zukunft hinter sich hat (und niemals
beabsichtigt, eine CD zu produzieren), geht eigentlich
ordentlichen Berufen nach (Pfarrer, Lehrer) und

macht die Musik, „*die wir sonst nur in unseren Wohnzimmern spielen und gerne öfter hören möchten*". Den Spaß an der Sache will die Covercombo (Michael Tätzsch: Klavier, Gesang, Christoph Gerken: Gitarre, Violine, Gesang, und Michael Neuner: Cello, Gesang) mit dem Publikum teilen, das daher an gewissen Stellen herzlich zum Mitsingen aufgefordert werden soll.

Die Themen des Programms – Liebe, Tod und alkoholische Getränke – können in der Pause und im Anschluss an den Event bei einem Glas Wein mit den Akteuren vertieft werden. Und obgleich es bunt zugeht und das Publikum unter anderem erfahren wird, was man tun muss, um einen Mundartheimatwettbewerb zu gewinnen, wird trotzdem nur der ortsübliche Eintritt verlangt (sieben/ermäßigt vier Euro).

Heute ist der achte Achte; da heißt es, zunächst einen kleinen *Gruß gen Osten* zu schicken[1], ehe wir uns dem eigentlichen Programm zuwenden. Das beginnt mit Georges Brassens' *Guten Kumpeln,* die uns der Herr Tätzsch so trefflich näher bringen kann. In *Portugal, Spanien* träumt sich Herr Bellmann in bessere Zeiten. *So oder so ist das Leben* findet hingegen Herr Gerken danach, bevor er gleich darauf mit Leo Ferrers *Joli Môme* noch ein Chanson zum Thema hübsche junge Mädchen zum Allerbesten gibt. *Das Madrigal von der schönen Julioleta* vereint die drei Herren dann wieder stimmlich. Herr Neuner liest Ihnen im Anschluss etwas aus seinen merkwürdigen Texten vor. Es schließt sich ein Ausflug in die *Salley Gardens* sowie zu dem Glück bei den Frauen habenden *Bel Ami* an; *Das Lied von der Pariser Kommune* soll endlich eine kleine *Runde zum Mitsingen* einläuten, in der wir Sie zunächst stimmlich fordern und dann gemeinsam in die Pause gehen wollen.

Und die Zweite Abteilung startet gleich mit dem Besten, was Friedrich Silcher über *naturblonde Frauen* komponiert hat[2]. Im *Notabene* preisen wir

---

[1] Das war – zur Eröffnung der Olympischen Spiele in Peking – natürlich die chinesische Nationalhymne. Auf dem Cello.

[2] Freilich die „Loreley".

mit Herrn Bellmann den Wein, bevor wir uns mit *Les tristes noces* bretonischer Volksmusik zuwenden und schließlich mit Jacques Preverts hochliterarischen *Feuilles Mortes* dem anspruchsvollen Chansongesang zum Thema Herbstlaub widmen. Traurig geht's mit Silchers *Lindenbaum* weiter, bevor Herr Gerken Friedrich Hollaenders Unsicherheitslied *Ich weiß nicht, zu wem ich gehöre* anstimmt. Herr Neuner wird dann noch einmal vorlesen. Das *Lied vom Aufgeklärtsein der Herren G., T. und N.* hat, so wie Texte davor, nichts als die Jetztzeit im Blick. Im Gegensatz zum Folgenden, denn mit Weltliteratur wollen wir den Abend beenden: Auf Goethes fingerstechendes *Heidenröslein* folgt Robert Burns' *Auld Lang Syne.* Den Abend beendend und ihn gleichzeitig überhöhend schließt sich eine kleine *Zugabe* an (sofern sie das wünschen), die Sie zum Mitsingen animieren und Ihnen und uns das Wasser in die Augen treiben soll.

Wir danken Ihnen fürs Kommen und wünschen einen schönen Abend.

Robert träumt.
Ein Text für Robert Schumann zum 150. Todestag

Musik: Von fremden Ländern und Menschen

„Robert, träumst du schon wieder?", fragt die Mutter.
Es klingt gar nicht freundlich.

Robert schreckt hoch. Er ärgert sich. „Das geht so nicht weiter mit dem Jungen", sagt die Mutter. „Er träumt den ganzen Tag."

„Na, na, na", sagt der Vater und setzt sich an den Tisch. „Stimmt das?"

„Ich träume nicht", sagt Robert. „Ich reise."

„Ach du meine Güte", sagt die Mutter. „Er träumt nicht. Er reist."

„Na, na, na", sagt der Vater. „Er reist. Und wohin reist du?"

„Ich reise in die Welt."

„Ach du meine Güte", sagt die Mutter. „Er reist in die Welt."

„Na, na, na", sagt der Vater. „In die Welt. Und wie reist du? Mit der Eisenbahn? Oder zu Fuß?"

Robert setzt sich grade hin. „Ihr versteht mich nicht. Ich reise doch nicht wirklich. Ich reise mit dem Kopf."

„Ach du meine Güte", sagt die Mutter. „Mit dem Kopf. Auch noch das." Und der Vater sagt: „Na, na, na."

„Was soll aus dir bloß mal werden", seufzt die Mutter.

Robert sagt: „Vielleicht ein Herumreiser."

Da sagen die Eltern gar nichts mehr.

Aber die Eltern haben ja Recht. Der Robert träumt bei jeder Gelegenheit. Wenn er Schulaufgaben machen soll, steckt er den Bleistift in den Mund, guckt an die Zimmerdecke – und sofort ist er weg. Wenn er zum Kaufmann gehen soll, bleibt er an der nächsten Straßenecke stehen, lehnt sich an eine Häuserwand – und ist weg. Wenn er die Eier aus dem Hühnerstall holen soll, setzt er sich ins Stroh,

guckt die Hühner schief an – und ist weg. Das heißt: Weg ist er eigentlich nicht, er ist ja immer noch da – am Küchentisch, an der Straßenecke, im Hühnerstall. Aber in seinen Gedanken, da ist er ganz woanders. Irgendwann, wenn der Traum dann zu Ende ist, muss er kurz überlegen, wo er eigentlich ist. Und dann hat er meistens vergessen, was er eigentlich tun sollte.

Musik: Hasche-Mann

„So geht's nicht weiter mit dem Jungen", sagt die Mutter. „Er soll etwas Anständiges lernen."

„Was denn?" fragt Robert.

„Rechtsanwalt", sagt die Mutter.

„Na, na, na", sagt der Vater. Er ist ein erfolgreicher Buchhändler, Verleger und Buchautor und weiß, was in Robert steckt. „Was willst du den werden? Immer noch Herumreiser?"

„Schriftsteller", sagt Robert. „Oder Klavierspieler."

„Ach du meine Güte", meint die Mutter. „Sollen das etwa anständige Berufe sein?"

Aber der Vater setzt sich durch. Und Robert bekommt seinen ersten Klavierunterricht.

Musik: Bittendes Kind

Robert ist glücklich. Er spielt Klavier, und er spielt gut. Schon früh organisiert er eigene Aufführungen mit Kindern, die Instrumente spielen, und als er 12 Jahre alt ist, komponiert er sein erstes Stück. Und in der Buchhandlung seines Vaters liest er alles, was ihm unter die Finger kommt. Goethe, Schiller und Shakespeare, den großen englischen Dichter. Und er fängt an, Gedichte zu schreiben. Weil immer nur Klavier spielen – das ist ihm auf die Dauer zu wenig. Außerdem kann man beim Lesen so schön träumen...

Musik: Träumerei

„Der Junge ist großartig", sagt der Vater, nachdem Robert im Wohnzimmer wieder ein Konzert mit seinen Freunden veranstaltet hatte. „Wir brauchen einen besseren Lehrer für ihn." Inzwischen hat Robert nämlich eine ganze Reihe eigener Werke komponiert: Lieder, ein Stück fürs Orchester und sogar den Anfang einer Oper. „Der Junge ist großartig", sagt der Vater noch mal, und am gleichen Abend schreibt er einen Brief an den berühmten Komponisten Carl Maria von Weber, ob Robert nicht nach Berlin kommen und bei ihm das Komponieren richtig lernen kann. Robert ist sehr glücklich. Nur die Mutter versteht die Welt nicht mehr.

„Komponist – das ist doch kein Beruf", sagt sie. „Der soll erst mal die Schule fertig machen."

Musik: Glückes genug

Doch kein Glück dauert ewig. Als Robert 14 Jahre alt ist, stirbt seine kranke Schwester Emilie. Die Familie ist traurig – und aus Roberts Plänen, nach Berlin zu gehen, wird nichts – er muss sich um die Mutter und die Geschwister kümmern. Und dann stirbt auch noch Roberts Vater, der immer zu ihm gehalten hat. Robert muss sich von seinen Träumen jetzt wohl ganz verabschieden. Denn die Mutter lernt bald einen neuen Mann kennen – und der hat mit der Musik nichts am Hut.

„Musik ist brotlose Kunst, mein Sohn", sagt er zu Robert.

Robert ärgert sich, denn er ist nicht sein Sohn.

„Bevor du Dichter oder Musicus wirst, lernst du etwas Anständiges".

Die Mutter nickt mit dem Kopf. „Genau das habe ich dir immer gesagt. Da hörst du's." Und der neue Mann legt seinen Arm um die Mutter. „Wir wollen doch nur dein Bestes."

Robert denkt: „Aber ihr werdet es nicht bekommen."

Musik: Fürchten machen

Dichter oder Komponist – das ist die Frage für Robert. Aber auch braucht sich auch gar nicht zu entscheiden – sein Vormund, der neue Mann, und die Mutter, die wissen ja, was sie wollen.

„Robert, du wirst Rechtsanwalt. Nächste Woche beginnst du dein Studium in Leipzig." Sagt die Mutter.

„Genau, mein Sohn", sagt der neue Mann. „Und wenn du Rechtsanwalt bist, kannst du machen, was du willst. Aber so lange du die Füße unter meinen Tisch steckst, machst du, was wir wollen."

Robert ärgert sich, weil der Tisch dem neuen Mann gar nicht gehört. Aber er packt seinen Koffer. Und in den Koffer packt er zu all den Noten und Büchern, die er mitnimmt, auch alle Träume, die er hat, mit ein. Und Robert fährt nach Leipzig, um Rechtsanwalt zu werden.

Musik: Reiterstück

Leipzig ist eine fremde Stadt. Robert fühlt sich nicht wohl – und er tut das, was er früher immer schon gerne getan hat: er träumt. Wenn er in der Universität sitzt, steckt er den Bleistift in den Mund, guckt an die Zimmerdecke – und sofort ist er weg. Er studiert nicht viel – und Rechtsanwalt, das merkt er schnell, interessiert ihn überhaupt nicht.

Die Mutter schreibt ihm dauernd Briefe: „Ach du meine Güte, Robert! Was soll nur aus dir werden?"

Und der neue Mann schreibt unten drunter: „So, so, so, er will also nicht studieren. Na, komme er mir nach Hause. Er wird sein blaues Wunder erleben!"

Aber Robert will kein blaues Wunder erleben. Er will auch gar nicht zurück nach Hause. Also bleibt er in Leipzig. Vielleicht taugt der neue Klavierlehrer ja, von dem er gehört hat. Der soll halt nur so ein alter Miesepeter sein.

Musik: Knecht Ruprecht

Nein, denkt Robert, der neue Klavierlehrer taugt überhaupt nichts. Ein großer, böser Mann, der ihn immer so komisch anguckt. Und immer nur kritisiert. Und der gar nicht gut findet, dass Robert Stücke fürs Klavier komponiert.

„Du sollst nicht komponieren, du sollst Klavier üben", sagt der Klavierlehrer. „Donnerwetter noch mal - jede Woche sage ich dir das." Nein, das macht ihm keinen Spaß. Gut ist der Lehrer schon, aber das Üben ist furchtbar anstrengend.

Aber es gibt auch etwas Schönes beim Klavierlehrer. Wenn Robert seine Stunde hat, sitzt immer ein kleines Mädchen auf dem Sofa in der Zimmerecke, und hört ihm zu. Sie ist vielleicht zehn Jahre alt, und sie heißt Clara. Clara guckt Robert nicht komisch an. Im Gegenteil - sie guckt fast ein bisschen verliebt.

Robert wird rot. „So ein Quatsch", denkt er. „Das ist doch ein kleines Mädchen. Die interessiert mich doch gar nicht." Das stimmt, denn neben dem Dichten, Klavierspielen, Komponieren und Träumen bleibt ihm keine Zeit für andere Dinge. Nicht fürs Studieren, und nicht für Mädchen. Schon gar nicht für kleine.

Musik: Wichtige Begebenheit

Nein, in Leipzig kann er nicht bleiben – er tut nichts dafür, um Rechtsanwalt zu werden, also muss er die Stadt verlassen. Heidelberg soll schön sein, hat er gehört, also geht er nach Heidelberg. Um Geld zu verdienen, tritt er als Pianist auf. Und jetzt übt er, jeden Tag viele Stunden. Er übt so lange, bis ihm die Finger wehtun. Aber er hört nicht auf mit dem Üben. An die wehen Finger kann er sich gewöhnen. Eines Tages fährt er nach Frankfurt, um dort dem großen

Geiger Paganini zuzuhören. Der spielt schneller auf der Geige als Robert auf dem Klavier. Jetzt hat er sich entschieden – er wird nie im Leben Rechtsanwalt. Er will Pianist werden. Abends, wenn er im Bett liegt, hört er die Mutter: „Ach du meine Güte, Pianist will er werden. Was soll nur aus dem Jungen werden?" Und dann gibt er ihr im Einschlafen die Antwort: „Schneller als dieser Paganini".

Musik Nachklänge aus dem Theater

Robert braucht einen anderen Klavierlehrer. Weil ihm das Üben jetzt nicht mehr ausmacht, überlegt er sich, nach Leipzig zurückzugehen – der alte Klavierlehrer dort war zwar unsympathisch, aber gut. Vielleicht sollte er ihn fragen, warum ihm beim Üben immer die Finger so wehtun – ob er etwas falsch macht? Ja, vielleicht sollte er es wirklich noch einmal probieren, einen besseren hat er nirgends getroffen. Dann würde er auch erfahren, was aus dem kleinen Mädchen geworden ist. Denn manchmal muss er an sie denken, an diese Clara. Er weiß gar nicht warum. Auch neulich, als er ein paar kleine Klavierstücke geschrieben hat, flatterte sie ihm durch den Kopf, wie sie da neben dem Klavier saß, den Kopf schief legte, ihm beim Üben zuhörte und so ein bisschen verliebt anschaute. Die Klavierstücke nennt er „Schmetterlinge". Hat er etwa Schmetterlinge im Bauch?

Musik: Am Kamin

In Leipzig wohnt Robert bei seinen alten Freunden. An einem Abend gehen sie ins Konzert – und hören dort eine junge Frau, die wunderschön Klavier spielen kann. „Viel besser als ich"; denkt Robert, und er ist ein bisschen traurig. Er muss an seine schmerzenden Hände denken – aber so viel er auch übt, so schnell wie Paganini wird er wohl nicht werden.

Nach dem Konzert wird ihm die junge Frau vorgestellt – und natürlich, es ist: Clara! Robert hat sie beim Spielen gar nicht erkannt – aber sie ist nun ja auch kein kleines Mädchen mehr. Er ist ganz verlegen und weiß nicht, was er sagen soll.

Clara sagt: „Ach, der Träumer... Willst du wieder Klavierstunden nehmen?"

Robert wird rot. „Ich weiß nicht...", sagt er.

„Mich würde es sehr freuen", sagt Clara. Und wieder guckt sie ihn so ein bisschen verliebt an. Oder täuscht sich Robert?

Musik: Ritter vom Steckenpferd

Und es kommt, wie es kommen muss. Robert verliebt sich in Clara, Clara in Robert. Als Clara mit ihrem Vater darüber spricht, lacht der alte Klavierlehrer nur.

„Na, na, na", sagt er uns streicht Clara über den Kopf.

„Was willst du denn mit dem? Der hat doch nur seine Musik und seine Schreiberei im Kopf. Robert – das ist doch nur ein Träumer. Konzentriere du dich mal lieber auf dein Klavierspiel. Du wirst eines Tages noch viel besser als er."

Immerhin schreibt der Klavierlehrer an Roberts Mutter. Er schreibt, dass der Junge ein großes Talent ist und viel mehr Begabung zum Klaviervirtuosen als zum Rechtsanwalt hat.

Als die Mutter den Brief liest, sagt sie: „Ach du liebe Güte! Jetzt geht das schon wieder los!"

Und der neue Mann zuckt die Schultern. „Dann soll er in Dreiteufelsnamen halt Klaviervirtuose oder Komponist oder Dichter oder Wasweißich werden. Der wird schon sehen, was er davon hat."

Clara und Robert müssen sich heimlich treffen. Er erzählt ihr von sich, von seinen Träumen, dass er denkt, eigentlich müsse es zwei Roberts geben. Ein Robert, der das Leben mag, der gerne ausgeht und feiert, und einer, der eben gerne träumt. Und oft setzt sich der Träumer in seinem Kopf durch.

„Das ist wie in deiner Musik", sagt Clara. Und Robert fühlt sich zum ersten Mal richtig verstanden – als Träumer.

Sie beschließen, zu heiraten. Als der alte Klavierlehrer das hört, sagt er nicht mehr „na, na, na". Er wirft Robert aus dem Haus und verbietet beiden, dass sie sich noch einmal sehen. Die beiden dürfen sich nicht mehr treffen und sich nicht einmal schreiben – also schicken sie sich gegenseitig die Musikstücke, die sie schreiben. Denn nur sie verstehen, was sich hinter den Noten versteckt.

Musik: Kind im Einschlummern

Aber natürlich geht sie Sache gut aus. Dass Robert einmal Rechtsanwalt werden wollte, ist auf einmal sein Glück: Er geht vors Gericht und klagt gegen den alten Klavierlehrer. Der verliert den Prozess – und muss seine Tochter Robert heiraten lassen.

„Ach du meine Güte", sagt seine Mutter bei der Hochzeit, „jetzt hat er auch noch eine Pianistin geheiratet." Und als er kurze Zeit später eine Stelle als Kompositionslehrer am Leipziger Konservatorium bekommt, gibt auch Claras Vater nach. Er reicht Robert die Hand.

Und wieder fängt Robert an zu träumen. Aber das – ist eine ganz andere Geschichte.

Drei Freunde (II).
Die Zugabe von Amélie Bechtel (2007).

Drei Freunde gingen spazieren: Die Hexe Verstexe, die Nixe Verlixe und der Hund Meinarschistwund. Wie sie so gingen, trafen sie ein kleines Männchen.

„Wer bist du denn?" fragten sie das kleine Männchen.

Es antwortete: „Ich bin der Zwerg Großwieeinberg. Und wer seid ihr?"

„Ich bin die Hexe Verstexe!"

„Und ich bin die Nixe Verlixe!"

„Und wie heißt du?" fragte das kleine Männchen den Hund.

„Meinarschistwund!" sagte der Hund.

Da sagte das kleine Männchen: „Dann musst du Salbe drauf tun. Zufällig habe ich welche dabei."

Und es zerschellte.

Inhalt.

Nachwort zur dritten Auflage.

Zu den Bildern: Die Zeichnung auf Seite 3 stammt aus dem Haus von Michael Quast, den der Verfasser uneingeschränkt bewundert; das Foto auf Seite 108 zeigt Gerken, Tätzsch und Neuner bei ihrem Auftritt im Götzenhainer Maisfeld, und die Collagen in „Robert träumt" stammen selbstverständlich von Amélie Bechtel.

Die Texte über die Prominentenbegegnungen wurden mehrheitlich zunächst fürs Internet geschrieben; der Text über die Jacob-Sisters erschien darüber hinaus 2004 bei Eichborn in der Sammlung „*Wie Franz Beckenbauer mir einmal zu nahe kam*". „*Mein schönes Langen*" folgte der Einladung der Langener Initiative für Geschichte und Kultur, mal zeitgenössische Heimatgedichte zu schreiben; 2000 gewann „*stadtrundfahrt*" denn auch den Wettbewerb rund ums „Langener Gebabbel". Der Ärger für den Urheber – nachdem die *Frankfurter Rundschau* den Text abgedruckt hatte – war nicht unerheblich. Die Siegestrophäe, einen Bembel, hält der Verfasser auch deswegen bis heute besonders in Ehren.

„*Gerken, Tätzsch & Neuner*" hat es zweimal im Götzenhainer Maislabyrinth gegeben; einige Texte („*Immer hat meine Frau so ein Pech im Konzertsaal*", „*Raritäten*") wurden eigens für diese Veranstaltungen rund um Liebe, Tod und alkoholische Getränke geschrieben.

„*Robert träumt*" schließlich schrieb ich mit der sehr inspirierenden Amélie 2006 zu Schumanns 150. Todestag. Aufführungen brauchen einen guten Pianisten, etwa Jan Polivka, der die Stücke aus Schumanns „Kinderszenen" und dem „Album für die Jugend" beisteuert.

Raum für Notizen